海外研发平台建设

企业国际化发展的创新引擎

主　编：刘永阳　刘　娟　张俭平
副主编：邵国栋　王京国　邴颂东　徐　忠　管　懿

中国经济出版社
CHINA ECONOMIC PUBLISHING HOUSE

·北京·

图书在版编目（CIP）数据

海外研发平台建设：企业国际化发展的创新引擎／刘永阳，刘娟，张俭平主编． －－北京：中国经济出版社，2022.12

ISBN 978 － 7 － 5136 － 7188 － 0

Ⅰ.①海… Ⅱ.①刘…②刘…③张… Ⅲ.①企业创新 － 国际科技合作 － 研究 Ⅳ.①F273.1

中国版本图书馆 CIP 数据核字（2022）第 241888 号

责任编辑	姜　莉
责任印制	马小宾

出版发行	中国经济出版社
印 刷 者	北京艾普海德印刷有限公司
经 销 者	各地新华书店
开　　本	710mm×1000mm　1/16
印　　张	10
字　　数	147 千字
版　　次	2022 年 12 月第 1 版
印　　次	2022 年 12 月第 1 次
定　　价	68.00 元

广告经营许可证　京西工商广字第 8179 号

中国经济出版社 网址 www.economyph.com 社址 北京市东城区安定门外大街 58 号 邮编 100011
本版图书如有印装质量问题，请与本社销售中心联系调换（联系电话：010 － 57512564）

版权所有　盗版必究（举报电话：010 － 57512600）
国家版权局反盗版举报中心（举报电话：12390）　　服务热线：010 － 57512564

编委会

主　编：刘永阳　刘　娟　张俭平
副主编：邵国栋　王京国　郗颂东　徐　忠
　　　　管　懿
参　编：郝好峰　刘　东　周柏睿　谭　俊
　　　　谭　恺　史国梁　王海峰　汪新槐
　　　　朱世伟　于俊凤　李登生　王同磊
　　　　刘建伟　代朝辉　陈传涓　刘同义
　　　　王　聪　陈登升　王瑞华　杜传国
　　　　李思思　庞继勇　李　涛　王建勇
　　　　刘　成　张群超　聂明钰　李　兵
　　　　高　健　郑　云　王远军　赵　颖
　　　　李　晨　郭建萍　杨鹏宇　刘　磊
　　　　王新举　史旭辉　康瑞丽　郑　琳

序言

随着全球化的不断加快,创新能力不仅成为企业在科技全球化浪潮中获取竞争优势的重要因素,而且还是衡量国家核心竞争力的关键指标。中国是新型全球化的重要推动者,中国企业要发挥创新主体作用,作为追赶者,需要正视和发达国家技术水平的差距,基于全球视野开展技术研发,通过国际科技合作而获得核心技术,借助国际资源进行深度探索,融合自身特色技术研发更能走向国际市场的高水平新产品,实现企业快速国际化布局。作为引领者,要充分研究国外技术标准、设计理念、需求特点,开展适应性研究与改进,推动中国高端技术走出去,带动当地经济社会发展。

研发国际化是企业的一项重要战略决策,企业海外研发平台兼具海外投资和技术研发属性,是科技创新体系的重要组成部分,是企业的核心竞争力,是服务于科学研究和企业技术创新的基础条件和资源保障。近年来,大批中国企业借助海外研发平台实现"走出去"和"引进来",通过直接投资、海外并购等方式,不断整合技术和产业链优势,有效促进科技创新,提升自身核心竞争力,有效推动了企业内外双循环发展。

中国电建是全球能源电力、水资源与环境、基础设施领域提供全产业链集成、整体解决方案服务的综合性特大型建筑集团,在世界500强中位居100,在ENR全球工程设计公司150强和ENR全球工程承包商250强中分别排名第1和第6位。目前,公司在全球120多个国家执行合同超过2500项,投资了老挝南欧江流域梯级电站等大型电站项目,承建了包括巴西美丽山±800千伏特高压直流送出工程、厄瓜多尔辛克雷水电站等在内的一系列全球瞩目的标志性大型输变电、水电工程。意识到建设海外研发平台是中国企业"走出去"，加强与全球创新资源合作，服务"一带一路"建设的重要举措，中国电建大力实施创新驱动战略，广泛开展国际科技合作，坚持以共建、共享的原则增添共同发展新动力，用开放、共赢的理念开创合作领域新局面，在电力工程领域不断深化科技创新合作水平，扩大合作范围，在巴西、老挝等地建设了电网工程技术（美洲）研究院、老挝南欧江流域电力开发研究院等海外研发平台，为工程项目高质量、高标准建设提供理论基础和技术支撑。

  本书是一项跨学科、跨领域的技术创新横向交叉研究成果，以海外研发平台发展机制为线索，从国内外多领域的视角探讨海外研发演进过程及相关因素，具体有海外研发平台建设背景与意义、我国企业海外研发调研分析、海外投资的国际借鉴、海外研发平台调研案例分析、企业海外研发平台建设方案研究以及海外发展对策建议。书中梳理了大量国内外科技创新理论、研究成果，结合企业创新投资的经典案例，可为研究者、企业家、创新创业者、投资者等提供借鉴，为企业实现高水平科技自立自强、促进经济稳定增长和高质量发展提供智力支持。

中国电力建设股份有限公司科技委主任

2022 年 12 月

2016年5月,中共中央、国务院印发《国家创新驱动发展战略纲要》,纲要指出要抓住全球创新资源加速流动和我国经济地位上升的历史机遇,提高我国全球配置创新资源能力。支持企业面向全球布局创新网络,鼓励建立海外研发中心,按照国际规则并购、合资、参股海外创新型企业和研发机构,提高海外知识产权运营能力。2016年7月,国务院印发《"十三五"国家科技创新规划》,规划指出要充分发挥国际科技合作基地的作用,与优势国家在相关领域合作建设高层次联合研究中心。推动我国科研机构和企业采取与国际知名科研机构、跨国公司联合组建等多种方式设立海外研发平台。《"十三五"国际科技创新合作专项规划》指出,"支持企业深度参与国际科技创新合作,大力推动'大众创业、万众创新'。通过构建专业化服务体系,积极带动、引导和服务企业'走出去''引进来',提高企业国际化层次和水平"。

2016年9月,科技部、国家发展改革委、外交部、商务部联合下发了《推进"一带一路"建设科技创新合作专项规划》,规划指出,鼓励我国科研机构、高等学校和企业与"一带一路"沿线国家相关机构合作,围绕重点领域共建联合实验室(联合研究中心),联合推进高水平科学研究,开展科技人才的交流与培养,促进适用技术转移和成果转化,构建长期、稳定的合作关系,提升沿线国家的科技能力。2016年11月,国务院国资委印发的《中央企业"十三五"发展规划纲要》指出,在未来5年内,做强做优做大一批中央企业,使一大批中央企业成为具有创新能力和国际竞争力的世界一流的跨国型企业。2018年4月,科技部和国务院国资委共同印发了《关于进一步推进中央企业创新发展的意见》，提出支持中央企业主动布局全球创新网络，并购重组海外高技术企业或研发机构，建立海外研发中心或联合实验室。在顺应经济全球化趋势和融入不断开发的市场环境的情况下，国有企业提高竞争力的关键因素就是提高创新能力，建立海外研发平台正成为企业提升创新能力的重要途径。

《中共中央关于制定国民经济和社会发展第十四个五年规划和二〇三五年远景目标的建议》提出："坚持创新在我国现代化建设全局中的核心地位，把科技自立自强作为国家发展的战略支撑。"这是以习近平同志为核心的党中央把握世界发展大势，立足当前、着眼长远作出的战略部署。当今世界正经历百年未有之大变局，科技创新是其中一个关键变量。只有把科技自立自强作为国家发展的战略支撑，才能不断拓展发展新空间、塑造发展新优势，实现在危机中育先机、于变局中开新局。

科技是国家强盛之基，创新是民族进步之魂。党的十九届五中全会提出"坚持创新在我国现代化建设全局中的核心地位，把科技自立自强作为国家发展的战略支撑"，并将其摆在各项规划任务的首位进行专章部署。这是以习近平同志为核心的党中央站在历史新高度、从战略全局出发作出的重大战略决策，具有重大而深远的意义。

我国"十四五"时期以及更长时期的发展，对提升创新能力、实现科技自立自强提出了更为迫切的要求。国际上，保护主义、单边主义上升，经济、科技、文化、安全、政治等格局发生深刻调整，各国都千方百计筑强已有的科技优势，而真正的核心技术是买不来的，也是换不来的，在引进高新技术上我们不能抱有任何幻想。我国已转向高质量发展阶段，但发展不平衡不充分问题仍然突出，无论是建设现代化经济体系、实现内涵型增长，还是加快构建新发展格局、提高供给体系质量和水平，都需要强大的科技支撑。

习近平总书记多次提出要推动形成以国内大循环为主体、国内国际双循环相互促进的新发展格局，2020年8月24日，在经济社会领域专家座谈会上的讲话中再次特别强调,"新发展格局决不是封闭的国内循环,而是开放的国内国际双循环"。对于在新发展格局下,如何加强国际科技合作,习近平总书记在这次座谈会上明确要求,"坚持开放创新,加强国际科技交流合作",不仅为如何在国际科技合作中创新共赢指明了方向,而且对"十四五"期间国际科技合作工作作出了部署。

近年来,国际科技合作已经发展为科技创新的手段和保障措施,同时日益成为科技创新的重要任务和有机组成部分。国际科技合作不仅是国家总体外交的组成部分,也是经济建设、社会发展、科技进步的重要支撑,是在新形势下构建开放创新新格局的重要路径。坚持互利共赢的开放战略,全方位加强国际合作,深度参与国际科技合作及竞争,不断提升统筹和综合运用国际、国内两种资源的能力,这样的开放创新将成为我国国际科技创新发展的重要模式。

新一轮科技革命和产业变革蓬勃兴起,国际科技合作也将面临全新的机遇和挑战。实践证明,国际科技交流合作既是推进国家科技发展、培养科技创新人才、提高科技竞争力、转变经济发展方式、改善国际关系的重要手段和现实支撑,也是解决跨国、跨区域和涉及全人类共同利益科学难题的关键途径。当前全球科技创新进入空前活跃期,加强国际科技合作既是我国创新驱动的内涵型增长的大势所趋,也是全世界共同应对人类共同挑战的客观需求。

目录 CONTENTS

1 海外研发平台建设背景与意义 1
  1.1 建设海外研发平台的必要性分析 2
    1.1.1 政策导向 2
    1.1.2 市场需求导向 3
    1.1.3 企业发展导向 4
  1.2 建设海外研发平台的意义 5
    1.2.1 "走出去" 6
    1.2.2 "引进来" 7
    1.2.3 全球化 8
    1.2.4 标准导向 9
    1.2.5 破解"卡脖子"难题 10

2 我国企业海外研发调研分析 11
  2.1 我国企业海外发展历程 12
  2.2 我国企业海外发展面临的挑战 15
    2.2.1 海外投资监管的加强 15
    2.2.2 逆全球化趋势 18
  2.3 我国企业海外研发的原因 20
    2.3.1 应对科技全球化的挑战 20
    2.3.2 提高中国企业自主创新能力的需要 22
    2.3.3 熟悉和培育适应东道国的市场竞争要素 23

2.3.4 追踪并获得来自东道国和产业的前沿技术及信息 …… 24
2.3.5 借助技术人才与科研环境规避研发风险 …… 25
2.4 我国企业海外研发的目标 …… 25
2.4.1 整体目标定向 …… 26
2.4.2 国别目标取向 …… 26
2.4.3 行业目标导向 …… 27
2.5 我国企业海外研发活动的基本特征 …… 27
2.5.1 涉及东道国重要领域的投资项目 …… 29
2.5.2 投资时对项目的综合影响缺乏考虑 …… 29
2.5.3 中国企业的身份受质疑 …… 29
2.6 我国企业海外研发成功案例研究 …… 30
2.6.1 华为海外研发案例研究 …… 30
2.6.2 海尔集团海外研发案例分析 …… 35
2.6.3 联想海外研发案例分析 …… 40
2.6.4 长安汽车海外研发案例分析 …… 46

3 海外投资的国际借鉴 …… 53
3.1 美国海外直接投资的特点及提升绩效的经验 …… 54
3.1.1 美国海外直接投资特点分析 …… 54
3.1.2 美国海外直接投资经验分析 …… 55
3.2 德国海外直接投资的特点及提升绩效的经验 …… 56
3.2.1 德国海外直接投资特点分析 …… 56
3.2.2 德国海外直接投资经验分析 …… 57
3.3 日本海外直接投资的特点及提升绩效的经验 …… 59
3.3.1 日本海外直接投资特点分析 …… 59
3.3.2 日本海外直接投资经验分析 …… 60
3.4 韩国海外直接投资的特点及提升绩效的经验 …… 61
3.4.1 韩国海外直接投资发展历程 …… 61
3.4.2 韩国海外直接投资特点分析 …… 62

目　录

　　　3.4.3　韩国海外直接投资经验分析 ·················· 62

4　海外研发平台调研案例分析 ················· 65
4.1　中国电建典型海外研发平台建设及典型业务现状 ········· 67
　　　4.1.1　海外研发平台建设 ····················· 67
　　　4.1.2　典型业务及案例 ····················· 74
4.2　同类企业海外研发平台建设类型 ················ 103
　　　4.2.1　项目型 ························· 103
　　　4.2.2　平台型 ························· 104
　　　4.2.3　融合型 ························· 106
4.3　海外发展主要建设模式研究 ·················· 110
　　　4.3.1　独资新建 ······················· 110
　　　4.3.2　合资新建 ······················· 111
　　　4.3.3　独资并购 ······················· 111
　　　4.3.4　合资并购 ······················· 112

5　企业海外研发平台建设方案研究 ··············· 115
5.1　企业海外投资研发面临的问题 ················· 116
　　　5.1.1　国内电力行业的形势 ··················· 116
　　　5.1.2　人才需求 ······················· 117
　　　5.1.3　融资渠道 ······················· 117
　　　5.1.4　绩效考核机制 ····················· 119
　　　5.1.5　管理运营模式 ····················· 120
5.2　工程建设企业海外研发平台建设布局与规划 ··········· 124
　　　5.2.1　建设目标 ······················· 124
　　　5.2.2　功能定位 ······················· 125
　　　5.2.3　运行思路 ······················· 125
　　　5.2.4　基本原则 ······················· 126
5.3　建设与运行重点任务研究 ··················· 127

5.3.1 属地化建设任务 ································ 127
5.3.2 集团化建设任务 ································ 128
5.3.3 信息化建设任务 ································ 128
5.3.4 市场化运行任务 ································ 129

5.4 风险研究 ·· 130
5.4.1 政治、外交风险 ································ 130
5.4.2 知识产权风险 ·································· 131
5.4.3 合规风险 ······································ 132
5.4.4 劳工风险 ······································ 133
5.4.5 法律风险 ······································ 134
5.4.6 税收风险 ······································ 134
5.4.7 汇率、汇兑风险 ································ 135

6 海外发展对策建议 ···································· 137

6.1 加快建立现代企业制度 ································ 138
6.2 培育和提高企业核心竞争力 ···························· 138
6.3 培植全球化经营的理念意识 ···························· 139
6.4 提升企业品牌影响力 ·································· 139
6.5 提高人才综合素质，建立国际化人才队伍 ················ 140
6.6 正确分析东道国的投资环境，适时把握投资机会 ·········· 141
6.7 学习和研究国际惯例及东道国的法律法规 ················ 141
6.8 充分发挥企业的比较优势 ······························ 142
6.9 做好企业对外投资的区位选择 ·························· 143

参考文献 ·· 144

1 海外研发平台建设背景与意义

1.1 建设海外研发平台的必要性分析

1.1.1 政策导向

2013年"一带一路"倡议提出后，海外研发平台在沿线国家进入了快速发展阶段。海外研发平台多由中外两国政府或企业共同推动、合作建设，可为"走出去"的中企在海外小范围内打造相对完善的基础设施，争取更具吸引力的优惠政策和营商环境，提供更完善的要素配套服务，降低企业"走出去"门槛。中企还可通过海外研发平台所在市场辐射周边国家和地区，拓展更多海外市场，同时持续推动科技和人才的本地化进程，利用中国的优势产业，促进东道国的产业结构优化升级，有效地带动东道国的经济发展，实现互利共赢。"一带一路"倡议为中国海外研发平台"走出去"的战略升级提供了难得的机遇条件，建立和发展海外研发平台成为新形势下落实"一带一路"倡议的具体措施和关键抓手。随着中国海外研发平台产业能级的快速发展、建设经验的不断丰富、体制机制的创新以及开发模式的独特性，越来越多的国内研发平台有了走出国门的发展愿望，也具备了走向国际的综合实力。中国海外研发平台正作为一种新的力量推动着中国的境外市场开发和全球企业网络建构。《海外产业园区如何开启"一带一路"合作新篇章》对统计的74个"一带一路"海外产业园区的分析显示，海外产业园区呈现"大分散、小集中"的区域分布特点，遍布六大经济走廊所覆盖的亚欧非地区，其中近八成在亚洲，并以东南亚为最多。从产业角度来看，海外产业园区以传统行业为主，其中加工制造型园区数量最多，占总数超三成，而科技园以及创新研发中心型园区的跨境合作仍处于起步阶段。2020年，新冠肺炎疫情席卷全球，对全球经济造成重大打击，世界银行预测当年全球经济收缩5.2%。但2020年1—5月，中企在"一带一路"国家新增非金融类直接投资逆势增长16%，预示着"一带一路"在中企国际化的道路上将扮演越来越重要的角色。

2015年9月26日，中国国家主席习近平在纽约联合国总部出席联合国发展峰会，发表题为《谋共同永续发展 做合作共赢伙伴》的重要讲话。在讲话中，习近平主席宣布，中国倡议探讨构建全球能源互联网，推动以清洁和绿色方式满足全球电力需求。2016年2月29日，国家发展改革委、国家能源局、工业和信息化部联合制定的《关于推进"互联网+"智慧能源发展的指导意见》（以下简称《意见》）发布。《意见》提出，能源互联网建设近中期将分为两个阶段推进，先期开展试点示范，后续进行推广应用，并明确了十大重点任务。《意见》明确了能源互联网建设目标：2016—2018年，着力推进能源互联网试点示范工作，建成一批不同类型、不同规模的试点示范项目。2019—2025年，着力推进能源互联网多元化、规模化发展，初步建成能源互联网产业体系，形成较为完备的技术及标准体系并推动实现国际化。2017年9月26日，在全球能源互联网的推动下，中国与周边国家能源互联互通初具规模。

我国的经济经过几十年的快速发展，在特高压、智能电网、水电站、火电站、太阳能、风电等领域的建设能力居世界首位，建设水平世界领先，形成了完整的标准体系和质量体系。近几年，在国际、国内建设了一大批世界级工程，质量水平举世公认。能源基础设施建设惠及各行各业、千家万户，能给当地民众带来看得见、摸得着的实惠。发挥中国优势，高质量地开展能源基础设施建设合作，将为"一带一路"建设注入强大的动力。

1.1.2 市场需求导向

随着中国经济持续快速发展，越发重视中国市场的外国科技企业纷纷在华设立研发机构，如微软亚洲研究院、西门子中国研究院、三星苏州研究中心等。中国经济的快速稳定发展让各国科技企业都渴望在中国市场获利，于是涌现出大批研究院、研发中心。这些研发机构为跨国科技企业在华推广自身技术，保持可持续性发展，开发迎合中国消费者需求的产品，作出了卓越贡献。

伴随中国科技力量近些年的崛起，中国科技企业赴海外开设研发机构也渐成趋势，越来越多中国科技企业走出国门，成为全球知名品牌。赴海外开设研发机构、开发海外市场也成为很多中国科技企业的战略选择。例如，在高科技事业云集的美国硅谷就聚集了很多中国企业的研发机构，包括开发云计算、大数据等技术的京东硅谷研发中心，专注人工智能的美的硅谷研发中心，推进智能驾驶领域的滴滴美国研究院等。有的中国科技企业在海外不止有一家研发机构。例如，小米公司不仅在重要的海外市场印度设有研发机构，还在芬兰设立了相机技术研发中心。华为公司在全球拥有 14 个研发中心和 36 个联合创新中心——俄罗斯的数学研究所吸引了俄罗斯顶尖数学家参与华为的基础性研发，日本东京研发中心则与日本的企业和研发机构进行合作，共同研发物联网、下一代移动通信等技术。再如，OPPO 在日本、美国、以色列均设有海外研发机构。这些机构可以吸引当地的高端技术人才，更好地和当地高技术企业、高校及研究机构开展合作，从而实现活用人才、充分利用海外技术资源的目的。

1.1.3　企业发展导向

近年来，国内建筑企业尤其是中央企业抢抓"一带一路"建设机遇，积极参加境外投资和基础设施建设，全球化布局的步伐进一步加快。重视海外创新工作，推进海外研发机构建设，是中央企业贯彻党的十九大"引进来""走出去"精神，建设创新型国家的具体体现，也是响应国务院国资委"发挥走出去骨干和主力军作用，推动具有国际竞争力的优势产业走出去"号召的重要举措。面对新时代、新要求、新任务、新挑战，科技创新工作必须展现新作为、创造新业绩。建筑企业尤其是中央企业科技创新将以习近平新时代中国特色社会主义思想为引领，深入贯彻党的十九大及十九届历次全会精神，大力实施创新驱动发展战略，主动服务和融入国家重大发展规划，重点聚焦与投身"两新一重"建设关键领域，以"国内大循环为主，国内国际双循环新发展格局"为主线，以科技创新为引领，以数字化转型为驱动，以体制机制创新为保障，增强要素配置能力，强力组织创新攻关，推动全产业链价值提升，开拓重要战略新兴领域，持续提升企业自主创新能力和核心竞争力，打造企业未来发展新优势。融入国家"一带一路"建设，有针对性地加大海外项目科技研发力度，要结合"一带一路"沿线国家建设和国际业务属地化建设需求，积极扶持典型企业海外研发机构建设与发展；要建立高科技、重研发、技术型企业的创新发展评价机制，推动企业海外创新研发平台建设。

1.2 建设海外研发平台的意义

目前，中央企业与世界级跨国公司相比，在国际竞争力、创新能力上还有较大差距，在全球跨国公司行列属于后来者、弱小者。为此，《中央企业"十三五"发展规划纲要》指出，在未来5年内，做强做优做大一批中央企业，使一大批中央企业成为具有创新能力和国际竞争力的世界一流的跨国型企业。提升企业科技创新水平，推进供给侧结构性改革，促进中央企业提质增效。开展国际科技合作是中央企业快速提升自身创新能力和国际竞争力最有效的途径，目前已有一批中央企业在国际科技合作中走出了自己的特色，合作带来的收益效果明显，但大部分中央企业仍处在探索期，"摸着石头过河"。一方面，海外研发平台作为设置在海外的属地化研发平台，与国内研发平台在功能定位、建设环境等方面都存在较大差异；另一方面，海外研发平台作为服务企业国际业务"集团化、属地化、全球化"战略的重要举措，需要站在战略和全局高度制定海外研发平台建设规划，但现实是相关管理制度办法缺乏，且建设过程涉及海外投资、技术研发、国际合作等多方面的特点，面临着海外并购收购、知识产权等多方面风险。为此，开展海外研发平台建设的研究意义重大，一方面，可以总结出国内外企业在海外研发平台建设和运行方面的成功经验，作为借鉴参考；另一方面，通过分析研究，总结出利于海外研发平台建设和运行的支持政策，为企业进一步开展国际科技合作提供参考。开展海外研发平台研究既可以调动中央企业进行国际科技合作，投身科技创新实践的主动性、积极性，同时可促进中央企业通过国际科技合作，提升国际竞争力和品牌影响力。

1.2.1 "走出去"

"走出去"是发展我国外向型经济的必由之路，是我国参与经济全球化的重要条件，是我国企业参与国际市场竞争的重要条件，是我国企业发展壮大后进行国际扩张的必然选择。

"走出去"是以中国企业为主导，服务中国企业战略的一种跨国整合模式，从中可以获得更多的利益。当前，无论是从开拓市场空间、优化产业结构、获取经济资源、争取技术来源，还是从突破贸易保护壁垒、培育中国具有国际竞争力的大型跨国公司来看，"走出去"都是一种必然选择，也是中国对外开放提高到一个新水平的重要标志。

第一，在更加市场化、更加开放、更加相互依存的世界，中国必须考虑通过具有宏观影响力和长远发展战略意义的对外投资，提高国家在全球经济中的地位，在国际资源分配中争取一个更加有利的形势，并改善其与相关国家和地区的关系。

第二，在成为"世界工厂"、对外贸易依存度超过70%的情况下，中国必须考虑通过提高引进外资质量和扩大对外投资两个轮子，主动地在更广阔的空间进行产业结构调整和优化资源配置。在保持制造业优势的同时，向产业链高增值环节迈进，提升中国在国际分工中扮演的角色分量。

第三，无论是从为全球制造产品，还是从自身工业化、现代化的需要来看，中国都必须考虑如何通过对外投资主动地从全球获取资金、技术、市场、战略资源。

第四，在外资企业大举进入中国、分享中国市场的情况下，中国必须考虑新的发展空间。在外资企业"走进来"的同时，中国有实力的企业"走出去"，各自发挥优势，这将是一种必然的选择。

第五，在跨国公司利用自己的实力重组中国优势的同时，中国有实力的企业也应利用跨国公司产业结构调整的机会,以自己的比较优势重组他国产业和企业,主动参与国际合作与竞争,以获得市场份额和技术开发能力。在这个过程中,中国企业要壮大自己,培育与经济大国相匹配的跨国公司。

企业必须把力气切实花在做好产品、做大品牌、创新技术、开拓市场等核心环节,做好自身的能力建设;同时,也需要对生产经营之外的因素给予更多关注,至少需要注重六个方面:一是深入了解劳工、土地、税收等方面的法律,在严守法律边界的前提下迈开步子"走出去";二是有针对性地研究对象国政策,弄清楚激励和惩罚性政策的具体内容,以及政策走向和倾向;三是对瞬息万变的项目信息、政治经济动态信息等时刻掌握于心;四是充分考虑并防范应对汇率风险;五是对沿线国家的宗教、文化、情感需求等充分了解,在生产经营的各个环节考虑"入乡随俗"问题,避免"水土不服"或者与当地宗教文化有所抵触;六是本着互利共赢、"授人以渔"的心态和原则与相关国家开展合作,在带动当地经济发展、为当地居民创造就业培训机会、改善当地生态环境等方面预先规划、认真履行。

1.2.2 "引进来"

发达国家对中国企业最大的吸引力是其居于领先水平的技术和管理知识。一方面,目前各种先进知识主要为发达国家的跨国公司所控制。发达国家的领先企业集聚了全球大部分优秀的技术和管理人才,拥有大部分专利技术,在技术创新、产品创新、市场创新和管理创新等方面全球领先。全球各个业务领域的高质量、高技术和高附加值产品,几乎都是由发达国家跨国公司及其分支机构提供的。另一方面,中国企业亟需提高自身的技术与管理水平,需要获得先进的知识。知识是企业最重要的资源,是决定企业获得竞争优势和成功的关键。经过数十年的引进、学习和自主创新,中国企业的技术和管理水平得到了大幅提高。但是,缺乏领先的技术和管理知识,仍然是制约中国企业发展最主要的因素。无论是在国内市场,还是在国际市场,多数中国企业目前都只能依靠提供价格低廉的产品参与中低端市场的竞争。

中国企业借助海外分支机构在他国获取先进知识的主要方式包括：建立海外办事处、研发中心或者全资子公司，在派出部分工作人员的同时吸收当地优秀人才加盟，通过在当地开展信息收集、技术跟踪、技术开发或综合生产经营活动获取先进知识；建立合资企业，在与当地的本土企业共同开展生产经营活动中获取先进知识；收购他国本土企业或其部分业务部门，借助收购及收购后的经营活动获取先进知识。显然，无论中国企业采取哪一种方式，在本身的技术及管理优势并不明显的情况下，资金投入都是中国企业进入他国开展跨国经营的重要条件。在当地更进一步卓有成效地开展生产经营活动之前，海外分支机构通常无法为企业带来充足的现金收入，反而需要国内母公司源源不断地注入资金。因此，企业的资金实力，直接影响着企业能否借助国际化获得领先知识，也影响着获得的知识的领先程度。

1.2.3 全球化

中国低成本的优势正在失去。全球化正成为中国企业最重要的发展趋势。一方面，外国企业大举进入中国市场，在中国本土市场与中国企业展开激烈竞争；另一方面，在全球竞争的环境下，中国企业为了在自己的领域里增强竞争力，不得不去海外寻找新的市场与利润来源，那些市场已经开放、竞争加剧的产业尤其如此，这些产业的利润已经非常微薄，继续死守国内市场不可能产生更大价值，只有大力开拓海外市场才有发展余地。

当海外研发机构开始承担起为母公司全球市场开发新技术的重任，并逐渐成长为母公司全球技术研发体系中的重要战略部门时，就可以充分利用本地丰富的研发资源，提升母公司的研发实力，其研发成果不仅惠及本地市场，还面向全球其他国家和地区。

企业全球化发展有利于重塑全球价值链，拓展国际发展空间。企业把价值链的部分工序或环节进行全球布局，可实现由加工制造向技术研发、品牌运营等环节拓展，延长全球价值链；通过跨国并购、股权合资等途径嵌入跨国公司现有的全球价值链；通过鼓励贸易、生产、金融、物流等多个环节抱团"走出去",在海外构建产业生态群落,发挥群落内交叉知识流的作用,提高我国企业在全球价值链分工中的地位。

企业全球化发展有利于全球价值链攀升,提高贸易增加值。通过"走出去"接触国际先进生产技术,企业不仅可以提升为跨国公司供应中间品的能力,还能间接带动附加值较高的中间品出口,逐步由生产制造环节向研发和营销环节攀升,实现制造业的提质增效、转型升级。

企业全球化发展有利于改善价值链分工格局,缓解全球经济失衡和贸易摩擦。通过对外投资把生产和销售环节放到海外,企业可以规避贸易壁垒,压缩低附加值产品的出口;在海外采购能源资源和技术设备,通过在海外建立生产基地生产出更为优质的产品并返销国内,进而降低贸易顺差,减少贸易摩擦;把价值增值环节放在东道国,可以促进当地发展,改善企业形象,化解潜在贸易摩擦。

1.2.4 标准导向

中国标准"走出去"有两层含义。一是积极参与制定国际标准。这主要是在中国优势特色的一些领域,还有国际标准化组织需要我们作出贡献的一些领域。实际上,在国际标准化活动中,我国都有广泛参与。国际标准化组织(International Organization for Standardization,ISO)有162个成员,是标准化领域中最具广泛性和综合性的国际组织。在90%的技术组织中,中国都是积极成员,为国际标准化发展作出了重大贡献。比如中医药,我国现在承担着国际技术委员会秘书处职责,制定中医药标准我国最具有发言权。

二是同一些国家签署标准互认协议,这也是一种"走出去"。标准互认协议,可能是我国的一些标准被其他国家采用,也可能是他们的一些先进标准为我国所采用,或者在标准技术指标上达成一致,你的标准和我的标准是相同的。2013年,我国与英国签署了标准互认协议,截至目前,已经有近100项标准达到一致。现在消费品方面的标准,我国与国际标准的一致性程度已经达到80%。

企业不断转型升级的结果,必然是创造全球网络整合的系统效应,掌握话语权。技术"走出去"、标准"走出去",更是掌握话语权的必由之路。国家电网推动标准互认、先进技术和产能标准国际化、积极参与国际标准制定等标准"走出去"行动,将特高压、智能电网、电动汽车充换电等技术体系推向全球。中国移动推动 TD-LTE 技术成为国际主流标准,2017年全球已有53个国家和地区部署了99张 TD-LTE 网络。2017年6月通车的蒙内铁路就是一条采用中国标准、中国资金、中国技术、中国管理、中国装备建造的国际干线铁路,项目建设全方位带动中国铁路产业链走出国门。而2017年进入全面实施阶段的雅万高铁,更是中国高铁标准"走出去"第一单。

1.2.5 破解"卡脖子"难题

当前我国正处于经济社会的黄金发展期,在科学发展、加速崛起、全面转型、富民强国的进程中,迫切需要人才智力资源的强劲支撑,也迫切期待加强国际人才智力的深度交流与合作。海外研发平台建设链接全球顶尖创新资源,助力国内企业引进国外智力,解决发展中"卡脖子"技术难题,有效提升企业的创新能力和核心竞争力。

引进和学习国际上先进科技资源,以全球视野谋划和推动创新,用他山之石攻己之玉,不断取得基础性、战略性、创新性的重大科技成果。中国企业只有结合自己的研发目标和基础条件,通过收购、兼并或直接投资等方式在海外设立研发机构,搭建起国内与国际的联系枢纽,探索行业内国际最新的发展方向,吸纳国际先进技术、优质经验、人才资源为我所用,为快速提升企业核心竞争力注入更多的"源头活水",才能实现关键核心技术不断攻关,科技创新实力不断增强。

2 我国企业海外研发调研分析

海外的科研项目投资是中国"走出去"的一项重大举措。这既是科技快速发展、技术领先与技术激烈角逐所致,也是各大企业在国际上寻求更大发展的机会,以最大限度地利用海外的科技,减少开发费用及风险,缩短开发时间和扩大海外市场的不可避免的选择。

近年来,中国企业在全球范围内的竞争日趋加剧,对技术和产业规范的要求越来越高,因此,加强海外投资科学研究与开发(Research and Development,R&D)也是企业持续发展的需要和动力。我国的研发组织在很多行业和领域都无法适应企业技术与产品的革新。所以,有条件、有实力、全球化的中国企业把目光投向了海外研发市场,并在海外设立了研究所、研究机构等,中国企业国际化研发进程不断发展壮大。

2.1 我国企业海外发展历程

改革开放40多年来,作为中国走向全球化的主要推手,中国企业助力和加快了全球化进程,巩固加深了中国与世界的联系。

2010年,中国GDP总量超过了日本,一举成为世界第二大经济体。2013年,中国货物贸易总额高达4.16万亿美元,成为全球货物贸易第一大国。中国对外直接投资(Outbound Direct Investment,ODI)总额不断增加,至2015年,ODI超过了外国直接投资(Foreign Direct Investment,FDI),中国首次成为资本净输出国。取得了这些伟大成就的中国企业,已经逐步完成了从不成熟到成熟,从站在中国的一个小角落到屹立于国际市场上的转变。2018年,中国企业在世界500强中达到120家,比第一名(美国)仅少6家,迅猛崛起之势可见一斑。

2 我国企业海外研发调研分析

回顾 40 多年来中国企业的发展历程，分析其中的脉络，归纳其中的规律，有利于我们总结过去经验，为再出发打下坚实的基础。40 多年来，中国企业经历了 4 个阶段完成"走出去"战略，实现了中国企业发展的重大变迁。

第一个阶段，1978 年到 1991 年，中国企业学习跨国公司的一些做法和经验，为"走出去"做准备。1978 年改革开放伊始，国有企业走上了改革探索创新的道路，民营企业就像火花一样盛开，外国企业也有机会来中国大显身手。外国企业一般通过销售进口商品或者与中方企业合资进入中国，1979 年至 1989 年，约有 2.1 万家外企在中国设立了办事处，它们无形中为中国企业日后走出国门作了示范。在这个阶段，中国只有零星的企业尝试对海外投资，对企业全球化经营的认识和实践水平相对较低。

第二个阶段，1992 年到 2000 年，中国企业走出国门初试身手。20 世纪 90 年代，中国企业全球化经营意识不断加强，经济全球化的浪潮以前所未有的迅猛之势席卷全球。1992 年，在党的十四大会议上，中国明确提出了建立社会主义市场经济体制的改革目标；进一步鼓励中国企业"走出去"，勇于开创海外市场，在 20 世纪 90 年代中后期，中国先后采取优惠政策和优惠措施，实施"走出去"战略。根据联合国贸易和发展会议（United Nations Conference on Trade and Development，UNCTAD）的统计，中国企业对外投资在 1991 年进入 10 亿美元时代，但在 1992 年和 1993 年的两个小高峰后略有下降，整个 20 世纪 90 年代对外直接投资达到了年均 23 亿美元的水平。在此期间，中国企业的海外市场主要经营模式是直接出口，其次是建设海外销售网络、合资海外企业、承包海外工程等。

第三个阶段，2001 年到 2007 年，中国企业大踏步"走出去"参与全球化竞争。2001 年，中国加入世界贸易组织（World Trade Organization，WTO），中国企业由此全面融入世界市场，"走出去"战略正式提高到国家战略层面上，全面鼓励中国企业走进全球舞台，树立世界格局。2004 年 7 月，国务院正式出台《关于投资体制改革的决定》，取消了对企业对外投资实施多年的审批制，为中国企业"走出去"参与国际竞争提供了更为便利的政策环境。国内外不断变化的形式，给中国企业带来前所未有的新机遇，中国企业全球化经营呈现爆炸式增长，大量的中国企业登上世界舞台，在全球市场上大放异彩。

加入 WTO 为中国企业打开了通往世界的大门，使中国企业有更多机会接触、了解并融入国际市场，学习、借鉴与吸收海外企业先进的技术、运作与管理经验，中国的企业不断增强竞争力，距离入围世界 500 强一流企业的目标越来越近。例如，根据国际化战略需求，联想集团并购了 IBM 的个人业务，吉利汽车以低于 18 亿美元的价格收购沃尔沃整车资产，TCL 集团有限公司并购了德国名牌企业施耐德，京东方以 6000 万美元收购韩国现代显示技术株式会社的 TFT－LCD 业务部资产，这些企业利用并购手段在较短时间内迅速崛起，获得了先进技术和广阔的市场，国际知名度不断提升。在该时期，中国企业充分利用国际竞争中的游戏规则，在全球进行资产资源配置。

第四个阶段，自 2008 年国际金融危机爆发以来，中国企业的全球化战略全方位、宽领域发展。在企业投资方面，中国政府采用国际、国内"双管齐下"战略，开放、合作、互利共赢，不断融入国际经济体系。中国企业紧抓机遇，不断增强国际合作水平，实现了国内、国际深度融合的跨越式发展。2015 年，中国企业对外直接投资跃居世界第二位，超过同期吸收外资水平，成为资本净输出大国。

当前，中国面临的国际形势有了很大的变化。中国成为世界第二大经济体，中国一线城市的许多方面已足以和发达国家相媲美，国际社会对中国提出了更高的要求，希望中国承担更大的责任。另外，中国国内环境也发生了不小的变化，劳动力成本越来越高，环境保护成为整个社会的共识，越来越多的企业开始选择新的发展方向——向外转移生产能力并提升产品在全球价值链中的地位。中国企业的未来发展之路，向人们展开了更大的想象空间。

2.2 我国企业海外发展面临的挑战

2.2.1 海外投资监管的加强

在全球新冠肺炎疫情大流行背景下，多国强化对外国投资的审查和限制，其中 2020 年 2 月 13 日正式生效的美国《外国投资风险审查现代化法案》（FIRRMA）实施条例尤其引人关注，并对西方国家相关立法产生了一定的示范和带动效应。第一次世界大战以来，美国创建并不断调整外商投资国家安全审查制度，试图在"对外开放"和"国家安全"之间找到适当的平衡点。然而，近年来，它越来越显示出一种倾向，即将对外国投资的安全审查作为一种政策工具，以防止和压制竞争对手。

2020 年 2 月生效的 FIRRMA 实施细则，是 FIRRMA 的具体操作指南，在外资审查范围、强制申报、审查时限等方面作出一系列重要调整和详细规定，体现出了美国在推动外资国家安全审查"现代化"方面的发展取向。主要特点包括：

（1）审查范围更宽泛，首次将非控制性投资纳入。美国外资投资委员会（the Committee on Foreign Investment in the United States，CFIUS）以往仅对可能导致外国人实际控制美国企业业务的交易具有管辖权，而"控制"的重要标准一般是外资持股 10% 以上。FIRRMA 实施细则首次建立了对于特定领域非控制性投资的审查程序，允许 CFIUS 对涉及关键技术、关键基础设施或敏感个人数据等业务的美国企业的非控制性外国投资开展审查。

（2）审查对象更明确，详细列示审查的具体领域。FIRRMA 实施细则明确列举了对非控制性投资应纳入审查范围的四类特定领域。一是关键技术，包括被列入《弹药出口清单》《商业管制清单》等法规的关系国家安全的导弹技术、核技术和军民两用技术等，以及《2018 年出口管制改革法案》所规定的新兴和基础技术，FIRRMA 实施细则还详细列举了须审查的 27 个敏感行业。二是关键基础设施，共涉及 28 类设施系统，包括美国企业拥有、运营、制造、供应或服务的重要信息系统和行业支撑控制系统，如卫星系统、电信设施、油气存储和管线系统、金融基础设施、公共供水系统等。三是敏感个人数据，共涉及11项，包括企业直接或间接收集维护的可能被外国投资者以威胁国家安全的方式加以利用的美国公民信息，包括金融数据、位置信息、健康数据、基因检测资料、通信数据、政府人员信息等。四是军事等特定设施（如枢纽机场、战略海港、军事设施、政府机构等）周边房地产，其附录中分类列出了有关设施的详细清单约200处。

（3）申报要求更严格，首次增加"强制申报"要求。一直以来，美国外资安全审查都是企业自愿申报。此次生效的FIRRMA实施细则规定了实行强制申报的情形：一是外国政府在交易中直接或间接获得"重大利益"的，即外国投资者在美企业中直接或间接拥有25%或以上的表决权，且外国政府直接或间接拥有该外国投资者49%或以上的表决权；二是投资"CFIUS关键技术试点计划"范围内业务的美国企业，包括核能发电、半导体制造和生物技术等敏感领域的设计、研发和制造企业。

（4）审查程序更烦琐，延长审查程序时限、授权收取申报费用及罚款。FIRRMA实施细则保留了CFIUS以往审查程序的核心部分，并给予CFIUS更多用于审查的时间。在审查费用方面，规定CFIUS可收取申报审查的投资项目交易额的1%作为申报费，上限是30万美元。在罚款方面，明确CFIUS可以对违反投资审查规定的当事方处以罚款，如在申报材料中发生重大遗漏、作出错误或虚假陈述的，可处以最高25万美元的民事罚款；未能遵守强制性申报程序的，可处以最高25万美元或等同交易额的民事罚款。

（5）审查权限进一步扩充，审查政治化趋势明显。基于FIRRMA实施细则的出台，CFIUS实现有史以来最大规模扩权，包括有权识别属于其管辖范围但没有提交正式通知的交易；在审查或调查期间，它拥有暂停交易的权力和豁免的权力，无须总统的指示，并可自行决定豁免某些交易的审查；继续监测缓解协议的执行情况，以确保国家安全风险被有效消除。同时，引入"白名单"制度，进行国别差异对待，允许特定国家享受部分审查豁免，并将英国、澳大利亚和加拿大等传统盟友国家列入初始名单。

本质上，外资国家安全审查制度是一把"双刃剑"，如果制度"缺位"则可能威胁国家安全，制度"越位"可能影响国际资本流动的大趋势和投资贸易便利化。FIRRMA 及其实施细则的相继出台实施，不仅是其自身加速审查制度改革的标志，也将产生深远的外溢效应。可以预见，随着一些国家对产业链安全的关注和担忧不断上升，国际有关跨境投资安全审查的相关法律政策将继续迎来一轮变革和升级。

此外，部分国家出于自身利益考虑或美国的示范效应，加强对外国投资的审查和限制。2020 年 10 月正式实施的《外商直接投资审查条例》是第一个欧盟层面对来自欧盟以外直接投资的审查机制；英国则通过《外商投资审查新规》，扩大外资交易的审查范围，并计划设立类似于美国 CFIUS 的机构；2020 年 7 月，德国《对外贸易和支付法》第 15 修正案生效。

TikTok 在美国市场的遭遇引起了大家的广泛讨论，具体细节已有大量媒体报道，在此不再赘述。我们主要从企业全球化经营的角度，来谈谈 TikTok 所带来的启示。TikTok 母公司——字节跳动很早便确立了全球化经营战略，其进入美国市场的途径大致如下：

2017 年 2 月，以 5000 万美元全资收购短视频应用 Flipagram；同年 11 月，以 10 亿美元全资收购短视频应用 musical.ly。musical.ly 拥有良好的用户基础，且获得了 Apple Music 在音乐版权上的支持。2018 年 8 月，musical.ly 并入 TikTok，TikTok 在美国步入快速发展期。移动应用分析公司 eMarketer 的报告显示，2019 年，TikTok 的美国用户数达到 3700 万。但一定程度上，收购 musical.ly 为 TikTok 在美国市场的发展埋下了隐患。

根据美国政府的要求，外国公司在美国进行收购、兼并时，交易双方可基于自愿原则，向 CFIUS 报备寻求审查。或许因为 musical.ly 是一款由中国人开发和运营的应用，且交易双方的企业注册地均不在美国国内，所以当初并没有报备。不过，即便未报备，如果 CFIUS 认定相关交易可能威胁美国国家安全，也能回溯审查。例如，2016 年，昆仑万维集团以 9300 万美元收购了美国最大的 LGBT 社交平台 Grindr 60% 的股份；2017 年继续收购，获得全部股权；但到 2019 年年初，昆仑万维集团接到 CFIUS 的通知，要求其必须出售在 Grindr 中所持股份。2020 年 3 月初，昆仑万维集团宣布，拟将所持有股份以约 42.15 亿元人民币的对价转让给 San Vicente。现在 CFIUS 已决定调查字节跳动对 musical.ly 的收购，这成为悬在 TikTok 头上的"达摩克利斯之剑"。在此之前，特朗普政府甚至提出，字节跳动必须在 45 天内出售 TikTok，否则将被美国封禁。

2.2.2 逆全球化趋势

逆全球化即与全球化战略背道而驰，参与逆全球化的主体是部分发达国家的政府和政要。自"冷战"结束以来，欧美国家政府允许金融资本肆意扩张，不仅导致其在海外出现大量制造工厂，贫富差距和阶级矛盾加剧，更导致了严重的金融危机，严重破坏了福利基础，政府部门债台高筑、寅吃卯粮，甚至似乎呈现倒闭状态。在这样严峻的形势下，少数代表产业资本家和国家利益的政治家，打着民粹主义和民族主义的旗号，试图通过逆全球化的手段，实施和加速再工业化战略，推动资本回归本国实体经济，防止国家衰落，进而再次牢牢主宰全球秩序。以美国为例，金融资本和产业资本都不能离开广阔的全球市场，奥巴马政府和特朗普政府均无法通过制度变革实现对金融资本利益集团的控制，因此新一届美国政府只能"枪口对外"，采用视线转移和传递矛盾的方法，采用打国际贸易战、改变移民政策、挑起其他国家的冲突或战争等手段。

20 世纪 40 年代中期至 60 年代，西方帝国主义国家建立的殖民制度迅速土崩瓦解，俄国十月革命的胜利，使得一大批第三世界国家和发展中国家独立出来，走上独立自强、快速发展的道路，极大地丰富了世界舞台，大大增强了维护世界和平的力量。尽管 20 世纪 80 年代末、90 年代社会主义运动遭受巨大挫折，东欧剧变，苏联解体，然而，一些新兴经济体发展得越来越强劲，比如中国、印度。这些新兴经济体从各个方面动摇了全球经济秩序，欧美等原主导国家由主动变为被动，世界天平首次向东方国家倾斜，这种情况是全球数百年以来从未出现过的场景。为了改变国内衰落透支的状况，美国新一届政府及政要，在全球范围内开始实施经济全球化战略收缩，甚至放弃世界警察的身份。美国该举措的目的并不是退出全球霸主地位及全球经济市场，其真实目的是让热点地区进一步混乱，甚至诱导引发局部地区的战争，从而破坏其他国家快速发展所需的和平国际环境。破坏和平的国际市场，从而导致发展中国家在全球化市场中动荡不安，不仅可以满足美方军事工业的需求，也可以为美方进一步吸引资本。美联储的规模缩减、利率上调和特朗普的税收改革等措施也将进一步加速全球资本从发展中国家流失。除此以外，对于一些高负债的国家，一旦西方资本回流，则会面临资本压力过大、经济泡沫破裂等问题，此时西方资本则借机低价回购这些国家的资产。这也间接反映出，西方金融资本主要利用煽动矛盾、制造动荡等手段，进行资本的流动和增值。

历史经验已经证明，经济危机、金融危机不代表资本主义走向衰落，而是资本主义自我调节的手段和资本主义制度矛盾的产物。资本主义国家借助经济全球化的趋势，利用新危机解决旧危机，制造和转嫁矛盾、危机，借机进行资本回流和解决西方强国的经济困局。目前，一些发展中国家暴露出高债务、金融市场过分开放、经济结构失衡、严重的经济泡沫等问题，很可能招致新一轮全球化西方金融资本围猎。拉丁美洲债务危机、东南亚金融危机、美国次贷危机引发的欧洲主权债务危机以及全球蔓延的金融危机都充分说明了这个问题。

因此，逆全球化真实身份是西方发达国家为扭转自身不利局面而采取的盲目的短期战略。"万物得其本者生，百事得其道者成"，经济全球化是不可逆转的历史大势。

经济全球化同时存在"向前的动力、向后的阻力"：动力是新一轮科技革命和产业变革，阻力是单边主义、保护主义、霸凌主义。总体来看，动力仍大于阻力，开放合作仍是发展大势。经济全球化更多是增量放缓而非存量下降。除少数危机年份外，货物贸易保持稳定，2019年全球货物出口比金融危机前的2008年增长17.1%；服务贸易蓬勃发展，2019年全球服务贸易出口比2008年增长52.4%。数字贸易方兴未艾，全球跨境电商市场规模年均增长近30%，未来跨境数字贸易有望爆发。区域一体化深入发展。目前，向世界贸易组织通报并生效的自贸安排数量比危机前增加了237个。主要国家通过区域贸易安排，推动更高水平开放，谈判议题从"边境上"贸易壁垒深入"边境后"规制,反映了经济全球化深化发展大趋势。

2.3 我国企业海外研发的原因

随着科技全球化,各国之间技术、能力、人才和平台的联系日益密切,各类技术融合和渗透到彼此的经济体系中。在这种大趋势下,各个企业可以利用的外部技术资源大大增加,能否有效利用全球科技资源,关系到中国企业"走出去"战略实施的成败。

2.3.1 应对科技全球化的挑战

对于发达国家的跨国公司来说,科技全球化不仅是其科技、社会生产力和社会生产关系发展的结果,而且是通过扩大自身科技优势,甚至是"霸权"主义,来寻求支配和重组全球科技力量的手段。对于中国这样一个发展中国家来说,技术全球化趋势的迅速扩张意味着科技的发展正面临着时空压缩的局面,它不仅难以扩展,而且相对紧张,给中国企业的发展带来了十分严峻的现实挑战。

(1) 人才流失问题十分严重。在全球化热潮中,人才流失是大部分发展中国家面临的最大的危机和挑战。由于发达国家有先进的技术基础,以及比较雄厚的经济实力,很多优秀的科技型精英流向发达国家。跨国公司的扩张,更是提供了一个优质的工作平台,加速了人才流失。在某种程度上,发展中国家已经成为跨国企业和发达国家的人才培养基地。人才外流大大削弱了发展中国家的科技创新能力,致使其面临人才和技术上的严重危机与挑战。过去20多年来,中国培养了30余万人次出国留学,但仅有1/3的人才学成归来,为中国经济建设发光发热,其他人才纷纷选择留在海外。在全国科技型人才数量和质量"净"损失的状况下,中国企业不得不面对这个现实。正是这种科技人才"净"损失的状况,更需要中国企业积极实施"走出去"战略,在发达国家设立研发机构,吸引中国"走出去"的科研人才,利用东道国的科研资源和环境。

(2) 更大的市场竞争压力。科技资源主要向发达国家靠拢,推动发达国家成为技术全球化的最大受益者。在许多技术方面，发达国家和跨国企业都有明显的优势，甚至占据垄断地位，在市场上它们的产品更加有竞争力。中国企业处在全球经济和科技发展全球化的大背景下，如果不能适时地进行技术创新发展战略的调整，迎头赶上，许多技术领域将处于依赖他人的地位，而企业也将被迫面临"巨无霸式"的竞争。对于中国企业来说，需要参与到经济全球化和科技全球化的浪潮当中，以用户为导向，针对当地客户的需要进行技术创新和产品设计，赢得企业自身的生存和发展空间。

（3）不断加大的科研压力。随着科学技术的全球化，知识产权制度将在世界各地得到广泛的应用。中国加入了 WTO，相关的知识产权保护协议将主动地适用于中国的制度环境，中国高科技行业所面对的体制环境将会发生巨大的改变。相关的知识产权保护协议将会使跨国企业在技术供给上的天然垄断地位得到进一步强化，并且在技术转让上会有更多的限制：中国企业为了获取尖端技术而被迫支付更高的价格，并且一些长期依赖仿制的企业陷入了困境。因此，中国企业在研发方面将会面临更大的压力，而知识产权纠纷将会更加频繁，中国企业提高自主创新能力的压力更加巨大，需要加大对外研发项目和机构的投资力度和步伐，以在相关的行业技术领域谋求自己的话语权。

综上所述，以跨国公司的生产与运营国际化为主导的经济全球化浪潮是科技发展全球化的直接动因，它为跨国公司的全球运营策略提供了直接的服务，为其全球利益服务。因此，科学技术的全球化，在很大程度上受西方发达国家和跨国企业的支配与操控，而技术全球化导致的世界科技格局的改变，则更多的是对发达国家有利，对发展中国家不利。对于发展中国家而言，至少在短期内，科技全球化与其说是机会，不如说是一种挑战。但这并不代表中国企业就一定要反对和抵制科技全球化浪潮，因为研发的溢出效应可以让中国企业通过对科技全球化进程的积极参与，跨越其与发达国家跨国公司之间在技术上的鸿沟。在这里，问题的关键是根据本企业发展的实际状况制定适当的 R&D 全球化战略，以应对和迎接科技全球化带来的挑战和机遇。

2.3.2 提高中国企业自主创新能力的需要

中国现有的比较优势长期集中于企业外部生产要素的价格，对于中国人力资源方面的比较优势过度依赖。但若中国企业缺乏技术，则只能通过加大生产要素的规模即扩大制造规模来制造竞争优势。实际上，企业在面对各种市场需要时，只有能够主动、灵活地进行创新，才能获得真正的竞争优势。没有这种自主性和适应性的创新，就不能生产出为市场所认可的产品，不能充分地发挥企业外部廉价的生产要素优势，生产出来的产品价格再低廉也没有市场。因此，中国企业生产要素的价格上的优势在于拥有自己的技术和适应的技术，中国企业应补齐短板，即技术创新，而不是一味地追求成本比较优势。

当前，中国企业（如海尔、华为、联想等）在研发国际化和技术创新这两个方面已经取得一定的成果，但在技术创新和研发方面仍有诸多不足。应当指出的是，中国企业在技术上的领先优势与索尼、松下等世界知名品牌的核心技术优势有所不同，中国企业的技术创新更多地属于普及技术上的"改革"，而不是攻克前沿技术，因此其竞争能力存在一定的局限性。固然，这也与中国目前的科研环境以及政策的扶持密切相关。缺乏核心技术优势的中国企业在国际市场产品竞争中处于劣势。在日本企业与西方企业的合作中，出于短期利益考虑，西方企业常常允许日本企业使用双方企业的技术和营销资源，结果使日本企业重新崛起，成为双方企业的竞争对手。日本企业通过明确的技术学习目标和技术学习能力而获得技术上的优势，并利用获得的技术优势参与到国际竞争中。中国企业要解决产品的技术和质量问题，首先要掌握技术；其次要具备技术研发能力、再学习能力，而第二能力则更为重要。中国的很多家用电器生产技术都是从海外进口的，但现在中国的企业却陷入了一种"引进一代落后一代，再引进一代再落后一代"的恶性循环，如果中国企业自身不具备自主技术创新能力，那么海外企业也绝不可能将自己的先进技术转让给我国。如果不能学会自主技术创新，那么无论引进多少次海外先进技术，我国企业都没有任何技术优势，中国企业仍然无法破解技术开发难题，所以中国企业要加强技术和研究的能力，这是改变技术被动现状的关键。核心技术是企业的核心能力，不是靠别人的恩赐就能得到的，没有捷径可走，只能自己研究。与世界级的大企业相比，中国企业的技术创新能力不足是其最显著的问题，目前国内大部分企业仍处于技术仿效阶段，不能自主开发核心技术和核心产品，以满足市场需要。而跨国公司为了维持和加强其垄断地位，防止技术扩散，避免提高竞争对手的实力，在技术转移和对外投资时都对核心技术非常敏感，中国企业很难通过技术引进或引进外国投资的途径汲取到海外企业的前沿技术。

因此，中国企业要想在激烈的市场竞争中获得技术上的领先地位，既要突出"自主创新"和"科技强国"，又要主动地"走出去"，通过引进技术为主要目标的对外投资，充分发挥发达国家技术聚集地的溢出效应，将海外科研机构的先进研究成果在国内进行迅速转化并投入生产，采取"新工业化"的发展路径，采用"研发在外、应用于内"的发展模式。

2.3.3 熟悉和培育适应东道国的市场竞争要素

实现技术本土化——为本地市场研发提供适合当地市场的产品是大多数中国企业在东道国对海外 R&D 进行投资的主要原因之一。经济全球化使得中国企业所面对的市场已不是单一的全国性或区域性市场，而是全球性市场，其将要面临的也是全球市场的竞争压力。中国企业要想实现国际化，要想在竞争中取胜，就必须能适应各国和各地区的多样化需要。不同国家、不同文化背景下的消费习惯存在很大的差异，中国企业的 R&D 行为必然要以国际化为导向，而如果研发机构集中在本国而不是相应的东道国，那么研发机构与目标市场的差距就会过大，难以避免新产品不能满足当地市场的需求。要适应世界各地的不同市场是很困难的，这是由于一个国家为了满足其他国家的需求而进行的 R&D 行为，存在信息的长距离传输和失真等问题，从而导致了信息不对称，从而给 R&D 活动带来了极大的风险。为降低企业间的信息不对称，降低企业参与 R&D 活动的风险，有目标性地展开 R&D 活动，以在全球范围内赢得市场份额，中国企业的产品在本地的风格和品位上要符合本地消费者的要求，因此要进行本土化的研究。

所谓"世界产品、本土风味",就是要企业积极研究和开发自己的产品,以适应本地市场的需要。例如,海尔小型电冰箱凭借针对细分市场的快速反应策略,迅速占据了美国超过50%的市场。海尔电冰箱进入美国市场后,首先进行了本土化的设计,以洛杉矶为基地,对美国市场的需求进行了细致的调查,对顾客的要求作出了迅速的反应,深受美国消费者的青睐。海尔推出的带有可折叠式桌面的小型电冰箱,受到了广大大学生的欢迎,其市场占有率也在快速增长。之后,海尔公司在此基础上,推出了带有计算机桌面的小型电冰箱,进一步巩固了其在该行业的市场地位和市场占有率。

一般而言,跨国公司在海外子公司的制造和销售上投入大量资金,也会考虑建立R&D机构,将总部技术转让给子公司,以满足本地市场需求。一旦R&D实验室成立,相关的基础研究也会随之展开,以满足国际市场的需求。所以,海外研发机构发展的方向通常是从技术转向为适应国内市场需要的产品,再逐渐发展为跨国公司在世界范围内的技术研发中心。

2.3.4 追踪并获得来自东道国和产业的前沿技术及信息

中国企业到海外投资R&D的另一个主要目的就是获得或追踪东道国的先进技术,从而从当地R&D的技术溢出中获益。R&D的作用主要有两个方面:一是创新研发,二是从其他企业中汲取技术溢出。在有许多其他公司参与R&D的技术领域,企业在R&D的专利、利润或市场价值等方面的花费要更多,技术的溢出也会随着路程的拉近而增大。与使用许可、购买专利、雇用技术人员等不同,依赖型的R&D是"学习"其他公司的产品和制造过程的最有效途径。

中国跨国公司在海外设立研发中心,可以为母公司在境外建立信息窗口和据点,以期在全球范围内获取最新的信息,并通过收集、整理、加工利用技术信息,开发新技术和新产品以满足母公司战略需求。许多中国公司在美国和日本等发达国家设立了研发中心,它们都想借助发达国家的技术和科研环境,为本国的公司和本国的科研机构提供支持。

2.3.5 借助技术人才与科研环境规避研发风险

R&D 活动的技术资源不仅包括技术人员，还包括良好的技术环境，如确保研发活动顺利进行的技术基础设施以及法律政策等。在激烈的国际竞争中，企业越来越需要高素质的研发人员。人才的培养周期很长，其数量和质量也受到多种因素的影响，因此，科研人员的紧缺已成为世界各国普遍面临的问题。中国企业通过在发达国家和世界先进国家建立 R&D 机构，聘请外国技术人才和技术骨干，从全球招募研发人才，可以填补我国技术人才的不足。东道国拥有更低成本、更丰富、更训练有素的 R&D 职员或为其他科技活动提供更多的资源，这些都会吸引跨国公司的 R&D 机构。举例来说，华为在印度建立了全球和区域 R&D 中心，其主要理由在于印度拥有更多的、更低成本的科技人才。

而有的中国企业到海外开展 R&D 则是为了分摊研究开发成本，降低研发的风险。企业研发活动需要投入巨大的资金、人力和时间，但是其产出具有很强的不确定性。首先，R&D 活动本身就是一个不断失败并不断探索的过程，并不一定会有新的成果产出。其次，由于知识的专用性和普遍性，如果本企业的 R&D 活动进度落后，则会被其他竞争者抢先申请专利，从而使企业无法继续使用这项技术，而且投入的资金也会白白耗费。另外，当企业研发的技术与企业目前的产能不匹配时，可能会发生新技术无法为企业所用的情况。以上种种因素导致了我国企业 R&D 活动的高风险。而企业 R&D 活动的国际化，一方面，可以通过 R&D 投入的多元化来降低 R&D 风险；另一方面，可以采用创建战略联盟、合资研发等方法，将研发成本和不确定性分摊到多个合作伙伴身上，从而降低研发活动的风险。

2.4 我国企业海外研发的目标

从海外发达国家的对外 R&D 投资的经验来看，选择的投资产业通常为以下两种：一是自身具有技术优势的行业。在对此类行业进行投资时，能够取得竞争的相对优势。二是技术领先的东道国工业。选择这些产业的主要动机在于跟踪世界科技动态,并跟进前沿技术,这是发展中国家在发达国家 R&D 投资中较为普遍的产业选择方式。中国当前技术水平普遍偏低,应从发达国家和区域中选取自身技术研发相对薄弱的领域进行研发投资,使其能够充分利用东道国技术的外溢,促进本国的技术进步。同时,加强对发展中国家和地区的 FDI 力度,积极地进行 R&D 活动,从而抢占世界市场,扩大利润空间。

2.4.1 整体目标定向

当前中国企业对外研发投资的整体目标应根据企业不同的发展阶段来确定。总体来说,有两个基本的目标导向:一是跟踪并获得世界上最新技术、信息,并充分利用海外资源,加大对某些关键技术的研究力度,提高中国企业的技术储备和技术竞争能力;二是促进中国相关企业或产业对外的工业性项目投入,扩大东道国的市场,加大新技术和新产品的研发力度,提高中国跨国公司在东道国的竞争能力。

2.4.2 国别目标取向

科学地分析、合理地选择海外 R&D 投资区域,是中国企业成功地走进国际 R&D 市场、展开国际化 R&D 活动的关键环节。从中国的科学技术发展状况以及海外 R&D 投资的成功经验来看,中国企业在海外 R&D 投资的地域定位应该是,全面强化推进美、日、欧盟等发达国家以及地区的 R&D 投资的"西进战略",同时,要考虑新兴工业化国家和区域研发投入的"平衡战略";为开发国家和地区研发投入而制定"市场支撑策略"。

(1) 技术先进国家及地区。

在某些拥有先进技术的国家和地区(美、欧、日),在一些前沿技术、共性技术、关键技术、产品等方面进行重点投入和研究,科研项目的海外投资地点应尽可能地选择在美国"硅谷"、英国"药谷"这样的高技术产业中心和重点大学等区域。

(2) 新兴工业化国家及地区。

在中国香港和澳门、泰国、韩国、新加坡、马来西亚等新兴工业化国家和区域，重点在技术互补的项目上加大研发力度；加强与当地影响力较大的企业、科研机构和高校的合作，通过合资的形式建立科研机构，实施技术联盟，进行项目的投资；在选择项目地址时，应注意充分利用当地的融资条件、良好的投资环境和先进的信息网络体系、健全的社会服务系统和广泛的国际关系，开展科研项目的海外投资。

（3）发展中国家和地区。

东欧、中亚、非洲、中东、南美等中国主要的工业产品进口国和工业项目的投资国等发展中国家和地区，着重发展适合于适应东道国市场需要的技术和适销性产品，项目选址应尽可能地选择在东道国首都城市或者产业生产和营销的核心区域，这样可以更好地接近市场，从而获得更多更便利的研发条件，降低投资成本和风险。

2.4.3 行业目标导向

从行业目标导向来看，国际研究开发项目的投资有两个基本规律：一个是从事现代高科技产品研发和制造的产业，其对外的研究开发投资项目绝大部分位于在某个技术方面处于领导地位的国家，以及拥有权威的科学中心或重点大学；另一个就是在技术研发和生产方面比较成熟的产业，其对外的研究开发投资项目重点关注工业生产项目投资地，或者一些市场东道国。因此，中国企业的对外研发性项目投资，在产业选择方面，要积极支持中国现有的通信、计算机、微电子生物医药制药与新材料等产业，尽量多到发达国家和地区进行投资，以便跟踪和掌握前沿技术。至于一般国家，主要投资于工业项目的东道国技术本地化，支持公司在东道国的生产企业满足当地的市场需求，提高产品的市场竞争能力。

2.5 我国企业海外研发活动的基本特征

20世纪90年代初，中国企业开始了海外的研究和开发。那时，一些企业已经开始在海外建立合资或者独资的研究开发公司，但是在海外的研究还没有发展起来。20世纪90年代中期和晚期，国内的家电企业（如格兰仕、康佳、海尔等）相继在海外建立了自己的研究中心，在海外掀起了一股投资和研发的热潮。自2000年起，联想、华为等公司在全球范围内建立并健全了研发网络，信息技术、通信等高技术产业逐渐成为中国企业在海外的主要投资领域。中国企业在海外的研发工作经历了20多年的发展，已形成了4个主要特征。

一是研究和开发活动的范围很广。我国企业在海外的研究和开发，首先是从通信、家电等行业开始的，之后，企业成立了海外汽车、能源、软件服务、医药、服装等行业的研究和开发中心，现在已经形成了较为宽广的产业覆盖面。

二是研究开发组织的职能越来越多元化，提供企业国际化战略信息收集、设计开发、市场支持等多种形式的服务。就投资地区而言，发达国家拥有领先的技术、雄厚的人才和良好的科研基础设施，美国、德国、日本等发达国家常常是我国国内企业在海外进行研发和投资的首选之地。我国在海外的研究开发总体情况并不令人满意，只有华为、海尔、联想、药明康德等少数公司在海外的研发投入达到了10亿元以上，而大部分公司的海外投资规模不大，往往只有几千万元，雇用的研发人员很少，只有几十名。大部分公司的海外研发机构等级较低，仍然处于海外研发办公室、海外研发联络处等层面，其主要功能是收集资料、寻找技术合作对象等。

三是投资的主要动力是技术追踪与资源获取。我国企业在海外进行研究开发，其原因有二。首先，目标是追踪并获得东道国的先进技术与创新资源。举例来说，联想将其总部设在美国的"硅谷"，旨在不断追踪最新的技术。其次，一些企业在海外进行研究，以适应当地消费者对产品的不同需要。由于不同国家、区域消费者的消费需求及消费习惯差异较大，因此，只有在东道国进行研究，才能更好地把握国际市场的需要，为海外产品提供支持。海尔在美国开发的"飘威酒柜"就是一个很好的例子，该产品一上市，就在美国引起了轰动。

四是投资方式趋向多元化，绿地投资（在海外独资或合资新建研发机构）仍是首选。在技术对外依存度方面，我们可以把海外的技术投资模式划分为绿地投资、跨国技术并购、技术联盟。三种不同的投资方式各有利弊，选择哪一种模式，要根据企业自身的资金、技术条件和企业的目标，以引进海外技术为基础，提高自主创新能力。

我国企业在海外的投资行为有以下几个方面的特征。

2.5.1 涉及东道国重要领域的投资项目

我国企业参与海外投资建设的项目，有不少涉及东道国国计民生的铁路、公路、港口、核电、工业园、航空航天、油气开发等重要领域，这些项目不仅前期投入成本高、总体规模大，而且往往受到合作方所在国家的严格控制，也容易受该国社会舆论影响，项目政策风险大、不可控因素多。比如，埃及苏伊士经济贸易合作区是一个国家级的对外经济合作园区，作为合作区项目开发、建设、招商与管理的实施主体，埃及泰达公司注册资本金为8000万美元，其中，中方持股80%，享受收益的同时也承担了较大风险。又如，中远集团对希腊比雷埃夫斯港的投资计划，如出现不可控的风险因素，中远集团也有可能损失掉前期投入的数十亿欧元及未来可通过港口获得的收益。

2.5.2 投资时对项目的综合影响缺乏考虑

长期以来，国内很多企业对海外市场的开拓都有一定的认识误区，只重视发展与东道国政府、上层精英的关系，而忽视了非政府组织、反对派和社会公众的意见，对东道国的情况缺乏全面的认识和掌握。我国企业海外投资主要在亚洲、非洲和拉丁美洲等区域，这些地区的国家贫富差距大，民众与政府关系紧张。我国企业海外投资习惯性地照搬国内一些方法，对环境污染、生态破坏、移民、拆迁等问题缺乏通盘考虑。

2.5.3 中国企业的身份受质疑

中国企业在海外投资时，由于其中很大一部分企业是具有政府背景的国企，因此其在海外投资受到了很多的质疑，美国国会中国经济和安全审查委员会甚至把我们国家的国有企业的对外投资称为"潜在的特洛伊木马"。当我国企业在海外投资涉及关键领域（如航空航天、工业、交通等）时，常常因所谓"涉及国家安全"而被对方叫停，有些国家甚至认为，我国一些大型民营企业也会受我国政府的影响，可能从事超出经济和商业范围的业务。

2.6　我国企业海外研发成功案例研究

2.6.1　华为海外研发案例研究

华为公司于1987年成立，位于广东省深圳市，是世界知名的资讯及通信服务提供商。华为是世界上最大的通信网络服务提供商，同时是世界上最大的通信基地设备供应商。华为拥有大约19.4万名雇员，其产品和服务遍及170多个国家，包括俄罗斯、西班牙、巴西、德国、泰国、埃及、新加坡等国家。

近年来，华为的销售业绩稳步上升，每年的研发投入都占销售收入的10%以上。比如，在2019年，其研发投入就达到了1317亿元人民币。2019年，华为大约有9.6万人从事研究和开发，占公司总人数的49%。近10年累计投入的研发费用超过6000亿元人民币。引领5G全球商用化，与欧洲的运营商共同建立了5G联合创新中心，与全球运营商、行业合作伙伴共20余个行业的300余项5G应用项目进行合作探索，不断推进5G商业及商业创新。

面对数字化、智能化成为全球发展主要驱动力的趋势，各国需要在产业、技术、标准和政策上实行全球协作，共同塑造包容性的数字经济，让多数人从中受益。华为致力于建设数字世界的"黑土"，以开放和包容的方式，为发展数字经济提供必要的信息通信基础设施，并竭尽全力为各个国家创造并获取更多的收益。

2.6.1.1　华为研发国际化的动因

发达国家跨国公司的研发国际化一般都遵循这样的规律：先实现生产和销售的国际化，再实现研发国际化。研发国际化的目的主要是为海外不断扩张的生产基地和市场提供技术支持,研发国际化的初始目的是将技术从母国转移到东道国。在实现了生产和营销的国际化之后,为了更有效地利用公司内部的技术资源,发达国家跨国公司通常开始在海外建立研发机构,这些机构可以帮助海外的生产机构改进产品工艺和生产流程,以生产出更适合当地客户需求的产品。从长期战略来看,跨国公司会在世界范围内建立全球创新网络。建立全球创新网络的目的在于利用世界范围内的研发优势资源,降低研发成本和研发风险,利用该网络产生新的知识和技术能提升跨国公司的全球核心竞争力。

与发达国家跨国公司相比,华为研发的国际化进程有所不同,即通过研发活动的国际化来带动生产和营销的国际化。华为国际化的理念是,作为通信设备行业的后发企业,其国际化的战略应该先从研发开始,通过研发国际化向其他跨国公司学习,积累经验,快速提高技术能力,从而带动整个公司的国际化。

华为在通信设备行业作为一家后发企业,与行业中的领导者企业如西门子、思科等相比,在研发国际化的战略上有所不同。华为在研发国际化发展的早期阶段,以追踪海外先进科技和向同类型成功企业学习为主。具体而言,华为的研发国际化有3个驱动因素:

①技术型投资动机:通过在海外建立监测站跟踪东道国和竞争者先进的技术,并汲取技术溢出。

②资源获取型投资动机:海外研发机构靠近智慧中心(Centers of Excellent),充分利用东道国研发方面的人力资源,降低研发成本,提高科技创新的效率。

③市场导向型投资动机:积极响应来自不同国家的客户化需求,利用东道国的技术资源为当地的生产机构提供有效的解决方案。

2.6.1.2 华为在海外研发的地点选取

华为研发国际化可分为3个阶段,各阶段的发展动力不同,其选址也各不相同。

在第一阶段,华为在海外的发展动力主要是迅速提高其研发能力,于是,企业与外资企业开始了积极的合作。华为已经与摩托罗拉、德州仪器、英特尔、朗讯、IBM、ALTERA 和 SUN 等国际一流公司共同成立了合作实验室，目标是与国际知名跨国公司建立可持续、开放、友好、共赢的合作关系，深入开展技术研究与市场开发合作研究，以达到国际研发的目的。例如，华为与 TI 成立了一个合作实验室，共同研发数字信号处理（Digital Signal Processing，DSP）产品；华为朗讯实验室则在光学和微电子领域进行联合深入研究。

在研发全球化的第二个阶段，虽然目前华为的主要业务还停留在中国，但是它已经开始跟踪全球通信技术的发展和研究，并且在海外设立了研发中心。华为在此阶段研究开发国际化的动力在于追踪海外的先进技术及高质量的研究开发资源。因此，海外研发机构在区位模式上属于技术获取型，而在具体选址上需要靠近智慧中心，其主要职能是进行基础研究，并且和东道国的高校和研发机构合作，共同进行基础研发活动。华为很理智地选择海外的研发地点。美国是科技之都，而美国的"硅谷"更是全球知名的高科技产业基地，所以华为在海外设立研发机构，都会优先选择美国。华为在美国"硅谷"和达拉斯设立了分公司和研发中心，以追踪光学及其他通信领域的发展。瑞典是全球移动通信系统的研发中心，同时是欧洲宽带分码多工存取（Wideband CDMA，WCDMA）的研发中心，因此华为在瑞典设立研发机构，其主要目的是了解全球移动通信系统（Global System for Mobile Communications，GSM）和 WCDMA 的发展动向，同时，对手机通信技术进行了初步的研究。在追踪技术成熟的同时，东道国的高技术人才和良好的科研与投资环境也是华为在海外建立研究中心的重要原因。例如，能力成熟度模型（Capability Maturity Model，CMM），是对于一个软件组织在定义、实施、度量、控制和改善其软件实践过程中的各个发展阶段的说明与描述。印度的 CMM 环境是全球最好的，所以华为于 1999 年在印度"硅谷"班加罗尔建立了研究和开发中心。

随着华为技术水平的提高，在国内市场上占有一席之地后，华为也开始步入国际化的第三个阶段，即开拓国际市场。这时，华为的国际业务已成为其经营策略的重要目标。华为在全球范围内拓展的同时，也发现了不同国家和区域用户的需求有很大的差别，所以华为在海外设立了多家分公司，以便更好地拓展国际市场，其定位方式是以市场为主导的。它们的作用已经不局限于基础研究，也不需要追踪东道国的前沿技术，更多的是根据不同的市场需要，对现有技术作出相应的调整和完善。华为在俄罗斯设立了一个研究和开发中心，以协助华为在俄罗斯的通信领域取得领先地位。

目前华为的研究开发国际化已进入了一个多元化、国际化的阶段。华为的全球研发网络由技术联盟和研发部门组成，这些公司遍布国内和海外。华为的研发全球网络包括技术联盟和位于国内外的研发分支机构。华为的研发部门在研发方面互相协作，研发资源、人员、信息都能在全球范围内自由地流通，其区位模式属于全球技术型。5G技术的研究与开发是一种成功的范例。

2.6.1.3 华为研发国际化的组织方式

如前所述，华为的研究与开发国际化经过3个发展时期，其国际化的形态由集中式创新逐步过渡到网络化，华为的研发机构与资源分配也由集中化逐步转变为分散式。

（1）华为在海外研发的初期阶段——母国集中型研发组织模式。

华为在海外研发的初期阶段，其国际化研发体系属于母国集中式组织模式，研究开发的重点是公司的总部，研发部门包括联合实验室和海外的监测中心，它们的首要任务是进行信息搜索和小项目的研究开发。公司总部拥有决定海外研发部门目标、资源配置和招募海外研发人才的权力。在此期间，企业的战略资源集中于公司的总部。海外的研发资料由研发部门直接向公司总部传递，而海外的研究单位则相对缺乏联系。初期，海外的研究与开发并不是主要的研究方向，而是从海外获得创意，以及获悉如何更好地运用现有技术。因为研发资源是由公司总部来统筹，而国内的集中化组织结构可以确保新的产品和工艺的迅速发展，但是总部对海外的供应和需求的了解却不多，这就导致了国内企业的集中研发模式无法适应海外的需要。此外，因为当时海外的研究机构往往只是监控站，战略资产主要集中在公司的总部，而总部又负责将研究资源分配给海外的研究机构，所以海外的研究机构很难从海外获得更多的技术。

(2) 华为海外研发的国际化发展阶段——全球集中式研发机构模式。

华为在研发国际化的同时，也在积极拓展海外市场。这时候，国内的研究人员和海外的研究人员，都在进行着密切的合作，共同开拓海外的市场。海外的研究机构会在技术转移的过程中，尽可能地将东道国的技术溢出转化为自己的技术，根据自己的市场特点，开发出适合自己的产品，并且在海外建立自己的工厂。

在华为的研发工作全球化的过程中，由于其所承担的研究工作更加复杂，各研究机构之间的交流与合作也越来越频繁，单纯地在中国开展研发活动已不能满足华为不断扩大的国际化战略需求。基于这种原因，华为基于母国集中式的组织模式扩大研究和开发活动，逐步形成了一个全球性的集权型研发机构。全球集权研发组织模式既保持了母国集权型组织模式的优势，又能满足国际市场的需要，将研发工作重点放在中国，并根据公司的发展需要，在海外建立研发机构，紧跟国际市场，与海外的厂商、供应商和客户进行技术交流。在此阶段，海外的研究机构不但担负着技术监督的重任，而且要针对海外的市场特征，进行新的产品开发。同时，华为将按照各自的功能和策略，将其资源配置到不同的研发部门，并且在海外的研究机构间进行交流与协作。华为国际化发展中期的组织模式如图2-1所示。

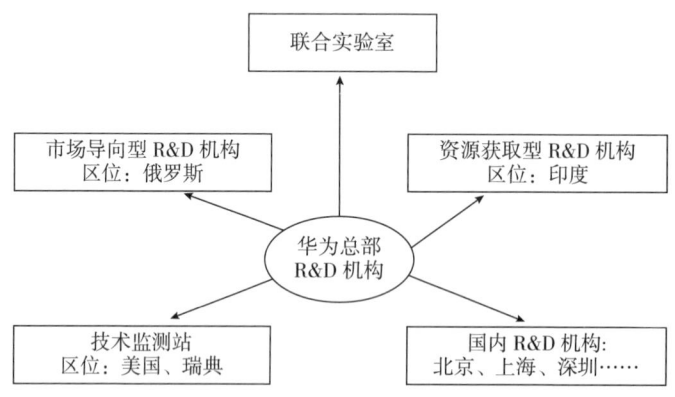

图2-1 华为全球集权型组织模式

(3) 华为海外技术开发进入成熟阶段——一体化网络型研发组织模式。

随着研究开发的全球化，海外研究机构的分布也日趋分散，因此，在此阶段，加强与海外研究机构的合作关系显得尤为重要。在研发国际化的成熟阶段中，国际市场与国内市场占据同等重要的地位。公司借助海外的研究机构，利用世界范围内的创新资源来提高自身的技术水平，拓展国际市场。企业要想在全球取得更好的竞争优势，企业的资源就不再是以企业总部为中心，而是越来越分散。于是，世界范围内的研发组织模式逐步演化为一个全球性的一体化网络型研发组织模式。

由于各企业的发展战略重心不同，各部门的研究工作也各不相同，因而各部门都具有较强的独立性和专业性。在公司的整个研发系统中，各研发单位都是互相关联的，信息可以在各大研发机构中进行分享，相较于前两个阶段，这一阶段的研究机构拥有了一定的决策权，而且它们的资源也不再是集中在公司的总部，而是按照各自的战略目标进行分配。在此阶段，研究开发单位的工作人员组成也变得更加国际化。

2.6.2 海尔集团海外研发案例分析

海尔公司于 1984 年在中国青岛成立。在近 40 年的发展历程中，海尔已成为世界上最大的白色家电品牌。海尔遍布世界 160 多个国家和地区，为超过 10 亿的用户家庭提供了服务，拥有海尔电器、海尔智家、盈康生命、海尔生物医疗共 4 家上市公司，已经成功孵化出 5 家独角兽企业以及 23 家瞪羚企业，在全球范围内建立了"10 + N"开放式创新体系、25 个工业园区、122 个生产制造中心、108 家营销中心和 143330 个营销网络，拥有海尔、海尔生物医疗、海纳云、海创汇、海尔兄弟、日日顺、盈康一生、卡萨帝、统帅、美国 GE Appliances、日本 AQUA、新西兰 Fisher & Paykel、意大利 Candy、卡奥斯 COSMOPlat 等众多生态品牌和新品种。

2.6.2.1 海尔集团的国际化发展历程

海尔的国际化发展共经历了 3 个阶段。

（1）第一阶段（1984—1998 年）：品质第一、多样化经营。

20 世纪 80 年代，是我国改革开放的第一个时期，许多公司包括海尔都在引进海外先进的制冷机技术与装备。当时的家用电器供不应求，许多公司都在追求规模，但却只顾着生产，而忽略了品质。海尔对品质的要求严格，实行全方位的品质管理，而不是盲目地提高生产力。在家用电器市场供给过剩的情况下，海尔依靠产品品质的差异来获得竞争优势。在此期间，海尔专注于电冰箱领域，在技术、人才、管理、资金、企业文化等方面都有了可移植和可借鉴的模式。经过10余年的发展，海尔集团在全国范围内并购18家公司，逐步实现了多元化发展。到了20世纪90年代初，海尔公司的三大盈利产品分别是电冰箱、冰柜、空调。

（2）第二阶段（1999—2004年）：跨出国门，出口创牌。

中国加入WTO后，许多公司都响应了国家"走出去"的号召，但在海外却遇到了很大的困难，于是纷纷返回，从事代工工作。海尔相信，"走出去"不仅是为了创汇，更是为了打造属于中国的品牌。海尔公司提出了"走出去、走进去、走上去"的"三步走"的经营策略，凭借"先难后易"理念，率先走进发达国家打造名牌，然后大刀阔斧地进军发展中国家，逐步形成"三位一体"的"设计、制造、营销"的本土化经营模式。

海尔从东南亚开始了其国际业务，其主要业务是在印度尼西亚、菲律宾及马来西亚进行电冰箱和空调生产领域的直接投资。海尔于1999年成为美国第一家在当地建立工厂的中国企业。2006年，该公司在美国的雇员超过1000人；海尔公司在美国曼哈顿成立了一家拥有400多名员工的设计中心。

2001年至2004年，海尔已经在欧洲投入了8000万欧元。海尔公司收购意大利帕多瓦地区一家电冰箱工厂，并将其产品纳入海尔的品牌。海尔公司把意大利的工厂当作新的发展平台。与此同时，海尔在意大利瓦雷泽设立了欧洲总部，这就是白色家用电器的聚集地，像惠而浦这样的跨国企业，也在此设立了大量的工厂。海尔不仅在发达国家和区域设立了工厂，还在南亚及非洲等新兴市场进行了直接投资。海尔在亚洲投资最多的国家是印度和巴基斯坦。海尔公司通过并购和在本地成立合资公司来进行本土生产。在这些地区公司的主要产品是白色家电，目前的产品线已经扩展到了电视、DVD、移动电话等。海尔在中东非设立了3个生产基地和2家贸易公司,产品遍布尼日利亚、南非等30多个国家。

(3) 第三阶段(2005年至今):全球资源整合,打造国际化品牌。

随着买方市场的出现以及终端用户的多元化要求,传统的"制造—存货—销售"的经营方式已不能适应市场的需求,所以,营销战略应该由"以企业为中心销售产品"向"以顾客为中心销售服务"转变。全球经济一体化的潮流也让海尔更加了解企业的国际化运营。海尔在其国际化的早期阶段,主要目标就是利用自己的资源到海外打造一个国际品牌。在目前的发展阶段,企业的经营目标是利用全球的资源,把海尔打造成为一个具有国际影响力的品牌。所以海尔公司在世界各地设立了研究开发中心,而其研究中心的功能也因地理位置的不同而有所不同。海尔整合全球研发、制造资源,使 Haier 成为全球知名品牌。

2.6.2.2 海尔集团的国际化驱动因素分析

从整体上看,海尔企业的国际化动机有两个方面:一是内部动力,二是外在动力。公司的内驱力主要是公司的策略,而外在的驱动力则是产业内的竞争和政府的优惠政策。

(1) 海尔国际化的内在动力之一:让海尔成为一个国际品牌。

张瑞敏带领海尔从一家资不抵债、濒临倒闭的公司,成长为一家行业领军企业,他的成就使他成为海尔公司的权威领袖。张瑞敏希望海尔能够走出国际化的道路,成为世界500强,这也是海尔公司发展的一个重大目标。张瑞敏在海尔发展早期就有了国际化的想法。1984年加盟海尔后,他就从德国 Liebherr 公司引进了技术和设备来制造冰箱。与此同时,他和这家公司进行了积极的合作,按照该公司标准制造电冰箱,并将其销售到 Liebherr,从而进军德国市场。海尔公司在1986年的首次出口总额为300万美元。张瑞敏随后对该策略的看法是:"那时有必要做出口贸易。但这仅仅是海尔的一个目标,海尔的品牌在全球范围内推广,才是最关键的。"

(2) 海尔国际化的内在动力之二:本土化的制造,提高企业的竞争力。

调查表明,大的跨国企业往往在它们的祖国拥有领先的地位,而它们在国外的收入所占总体收入的比重也很大。以伊莱克斯、西门子、通用和惠而浦为例，它们在国外的收入分别占据了90%、56%、46%和38%。张瑞敏相信，海尔要想做大做强，就必须要走出国门。海尔公司在中国取得了日益成功的发展，因此将目标定为跻身全球500强。为此，海尔于1998年邀请波士顿等咨询公司参与制定全球500强企业的策略。咨询公司的一个结论是，要不断削减跨地区的白色家用电器运输。由于白色家用电器的体积大、运输费用高，因此，高的成本会降低家用电器的国际竞争力。所以，海尔要想在全球占有一席之地，就必须把它的产品本土化。

（3）海尔国际化的外部动力之一：中国家电市场存在激烈的竞争，其发展潜力受到限制，海尔的国际化经营，除了自身的内在动力之外，还存在一些外在的因素。

在海尔看来，中国家电行业的竞争越来越激烈成为推动其国际化运营的最大外在因素。20世纪90年代中期，家用电器行业掀起了不停的价格战。截至2000年年底，海尔生产的电冰箱、冰柜、空调和洗衣机在中国市场的市场份额分别是33%、42%、31%和31%，因此，海尔公司在中国市场的发展空间已相对有限。此外，发达国家的家用电器企业也开始在中国设立自己的子公司，从而在中国市场上占据一席之地，这也是海尔寻求海外扩张的动力。

（4）海尔国际化的外部动力之二：中国政府的大力扶持。

中国政府一直在鼓励和支持海尔的国际化。比如，海尔被批准设立一家金融公司，成为一家大型商业银行的控股股东，并与一家美国保险公司建立了合资企业。正是由于海尔是中国家用电器行业的领军人物，以及其持续的国际化运营，海尔才得到了更多的政府扶持。

2.6.2.3　海尔集团的海外研发国际化现状分析

（1）层出不穷的科技成果。

成功构建"10个研发中心、5个创新中心、1个社群平台"的三层研究开发系统。海尔通过全球创新能力的布局，在世界范围内逐渐建立起了研发中心和创新中心，有效地对接了世界顶级的创新资源，满足了全球客户的需要。截至2021年，海尔在全球累计申请7.5万件专利，其中发明专利占比超过63%，涉及28个国家和地区。

(2) 对外直接投资,在海外设立研究开发机构。

海尔拥有全球范围的研发机构,其主要功能是监控和开发本地市场的新产品。

(3) 与海外的跨国公司及研究机构进行技术合作。

海尔将技术联盟分成了两个层次:一是与发达国家的跨国企业结成技术联盟,二是与研究机构结成技术联盟。海尔在世界各地设立了多家联合研发机构,与东芝、LG、富士通等跨国企业进行了合作。通过与跨国企业的技术合作,海尔提高了企业的自主创新能力和适应海外市场的能力。同时,海尔公司还与国内外知名研究机构建立了技术开发中心和合资公司。合作的国内外科研机构包括北京航空航天大学、工程塑料国家工程研究中心、美国 C – MOLD 公司等。与海尔合作共同开展研究项目和博士后流动站的高校包括上海交通大学、复旦大学和浙江大学等。

2.6.2.4 海尔海外研究机构的选址与组织模式的研究

(1) 海尔研发组织结构。

海尔集团的研发架构包括中央研究院及其下属的研发部门。海尔中央研究院于1998年在中国青岛成立。中央研究院是海尔集团最核心的研发机构,主要负责全球范围内的技术开发,以及为全球供应链提供技术支撑。中央研究院下属的研发部门主要有研究院所、综合研究中心、全球信息中心和全球设计中心等。

(2) 海尔海外研发区位模式和组织模式。

正如上文所提到的,中央研究院、综合研究中心、全球设计中心和全球信息中心共同组成了海尔的研发网络,其中,中央研究院建立在中国青岛,是海尔集团研发体系中最重要的技术机构。中央研究院作为海尔集团中最关键的研发机构,主要有5种功能:整合国际科技资源,将尖端技术商业化,是海尔持续创新的基石;通过技术革新提高海外产品的附加值,同时,通过软件整合降低产品的成本;为海外产品制定技术规范;为海尔集团的全球供应链提供技术支持;掌握海外技术,掌握最新技术。

海尔在世界各地还有3个不同的海外研究中心,包括全球信息中心、全球设计中心和综合研究中心。位于海外的综合研究中心和全球设计中心主要建立在发达国家,包括美国、日本、韩国、意大利、德国、荷兰等国家。综合研究中心和全球设计中心属于以市场为导向的研究机构,其地理位置处于离海外市场较近的国家或地区,主要负责海外技术的追踪,为海外市场及用户开发新产品,为顾客提供符合顾客要求的个性化设计。全球信息中心涉及全球七大地区(亚洲、欧洲、非洲、北美洲、南美洲、大洋洲、中东),它的主要作用是监视市场的信息,追踪前沿技术的发展,监控竞争对手的行为,为新的产品的研发提供技术支持。

海尔公司的研发系统主要还是以中国为核心,其下属的研发中心掌握着绝大多数的研发资源,对每个海外研发机构拥有强大的决策权。根据前面的分析,海尔的海外研究是一个全球性的集权组织,主要的研究工作都集中在中国,同时要考虑国际市场的需求,在海外设立一些研究机构,跟进国际市场,保持与海外的合作研究开发,并与当地的厂商、供应商、客户进行交流。

全球集权型研发组织模式提供了一种简单的方式,可以同时满足国际化的需要,并不集中研发的优势。这就需要跨国公司的研究和开发人员在国内市场需要的变化中不断地调节他们的行为和价值观,如若海外研究机构的定位不正确,将产生不利的影响。全球集权型研发组织仍然不是一种完全的全球化研发组织模式,无法适应不断增长的全球市场需求。

2.6.3 联想海外研发案例分析

联想集团是11名科技人员于1984年在中国科学院计算机技术研究所出资20万元人民币的支持下创办的,是一家在信息行业内进行多元化发展的大型企业和具有创新精神的国际化中国科技公司。联想的计算机销售量自1996年起在中国的国内市场中一直占据首位。联想是世界计算机领域的领军者,致力于研发、生产以及销售可靠、安全的专业技术产品和服务,帮助世界各地的客户和合作伙伴取得成功。联想公司生产的产品主要有笔记本电脑、掌上电脑、一体机电脑、智能电视、服务器、打印机、主板、手机等。

2005年,联想集团成功并购IBM PC事业部;联想的计算机销售额在

2013年一跃成为全球第一，现在已是世界上最大的个人电脑生产商。2014年10月，联想集团成功收购摩托罗拉移动。自2014年4月1日起，联想集团组建了4个相对独立的新型业务集团，主要包括PC业务集团、移动业务集团、云服务业务集团、企业级业务集团。2016年8月，联想集团在全国工商联公布的"2016中国民营企业500强"榜单中位列第四。

2019年7月，联想集团在公布的2019年《财富》世界500强中排第212位；2019年9月，联想集团在公布的2019年中国制造业企业500强中排第16位；2019年10月，联想集团在公布的2019年福布斯全球数字经济100强榜中排第89位；截至2019年11月1日，即联想成立35周年时，联想集团的年收入已突破3500亿元人民币。

2.6.3.1 联想集团的国际化发展历程

从联想的发展历程来看，其国际化过程大致可以划分为3个阶段：产品国际化、品牌国际化和组织要素国际化。

（1）联想的产品国际化。

联想于1990年进入国际市场，开始走上国际化的道路，陆续在美国、法国、德国、奥地利、西班牙等国家建立了分支机构。联想公司的QDI主板等产品，每年可在世界范围内售出500万台以上。2001年9月，联想与一家中国香港的计算机销售渠道公司建立了业务关系，并在中国香港开始销售计算机。不过，那时的市场表现较为平淡。究其原因，是中国香港在2001年已成为高技术、国际化的大都市，个人计算机市场的竞争非常激烈。就市场份额而言，IBM品牌在中国香港的PC市场份额排名第一，康柏、戴尔紧随其后。联想在当时的名气还不足以与IBM、DELL等公司相抗衡，所以在中国香港市场的表现并不理想。

（2）联想的品牌国际化。

自2000年以来，联想的业务逐步由PC转向了多元化，同时，公司还将互联网、IT服务、移动电话等业务列为公司的多元化发展重点方向。不过，就在联想刚刚发布FM 365并宣布进军互联网领域的时候，美国股市灾难引发的全球金融风暴几乎让每一家网络公司都受到了沉重的打击。联想在2004年实施了缩减策略，重返PC领域。在其国际化前，联想公司将其商标"Legend"改为"Lenovo",并在全球范围内注册。但是,联想在过去的6个月里,并没有在海外大量发布新的产品。

(3)联想的组织要素国际化。

在联想重返PC市场之后,公司于2004年决定并购IBM PC事业部。从联想的发展历程来看,并购IBM PC事业部是联想走向世界的一个重大步骤。2011年9月,时隔7年,联想总裁柳传志郑重声明,联想集团已经成功实现国际化,但在当时,联想的收购却是业内最不被看好的一次并购。

2.6.3.2 整合的4个阶段

(1)收购预备阶段:不被看好的并购。

当联想宣布收购业务时,联想股票价格下跌3.7%,下跌到2.275港元。2005年,在联想合并的初期,联想的股票就曾跌至2港元。股票价格的暴跌反映出行业和投资者对新联想在资金、利润、竞争以及文化融合等方面的许多忧虑。

(2)整合初期:以稳为先。

2005年5月1日,联想完成对IBM个人电脑业务的收购。此时,公司进入整合阶段。联想公司并未立即着手进行积极的合并,以确保IBM的顾客和雇员的稳定性,在公司内部,宣布暂时采用"双管齐下"的运作方式,这意味着联想依然专注于中国市场,而被收购的IBM则将延续其原有的运营模式。在合并开始时,2005年5月至9月,新联想的股价上涨了44%,达到3.8港元。联想重拾了市场的信心,主要是因为联想在合并后的第一季度就开始盈利,其税前利润增加了54%,达到5.15亿港元。

(3)整合中期:文化融合问题日益突出。

2005年12月,IBM的前任高级副总裁沃德,委任戴尔前副总裁阿梅里奥为新任首席执行官。阿梅里奥的加盟标志着新联想进入了合并的中期。在这段时间里,新联想加快了业务的整合,从组织结构、业务模式等方面进行了调整。全球范围内的PC业务被划分为交易型业务和关系型业务两种类型。随着企业的不断融合,企业的文化问题越来越突出。当时,新组织里存在3类人:联想人、IBM人以及追随阿梅里奥进入联想公司的戴尔人。联想的股价在阿梅里奥的任期内曾经飙升到 9.2 港元，也曾一度跌落至 1.35 港元。2008—2009 财政年度，联想损失了 9670 万美元，随后阿梅里奥离职。

（4）融合期：中国企业高管的回归。

在承受了并购后带来的亏损，阿梅里奥离职后，杨元庆、柳传志两人再次成为公司的 CEO 和董事长。投资者对他们重返市场并与之进行合作的信心可以从联想的股票价格上反映出来。在他们重返工作岗位 1 年后，联想扭亏为盈，联想股份在 2000 年 2 月 5 日收盘时，股价为 5.11 港元，增长了 215%。

2.6.3.3 并购效果

学术界对联想并购 IBM 个人电脑的事件进行了评论。本书主要从 3 个角度对联想的业绩进行分析。

（1）并购是否帮助联想集团成功实现企业愿景？

联想公司在其 2000 年战略中确立了公司的愿景：高科技联想、高服务联想、国际化联想。联想公司在 2001—2003 年，试图将盈利模式转变为销售服务，但未能如愿。联想在 2005 年并购 IBM 个人电脑，包括从产品到研发的全业务，联想的发展状况一直很好，可以说，"高科技联想"的目标已经达到。从"国际化联想"的角度来看，2004 年之前，联想在海外的营业收入微不足道，但是，通过并购，2008 年的海外营业收入和 2009 年的海外营业收入分别达到 66% 和 57%。因此，并购也帮助联想实现了"国际化联想"的目标。

（2）联想在并购后是否扩大了规模？

在 2005 年开始并购的时候，两家公司的营业收入合计为 120 亿美元，而到了 2007 财政年度，联想公司的营业额达到了 164 亿美元，并且第一次跻身全球 500 强。2012 年，联想以 295 亿美元的销售额，在全球 500 强中上升到了第 370 位。与收购初期的销售表现相比，联想公司实现了 145% 的营业收入增长，可以说，这次收购的确扩大了联想的规模。

（3）并购是否达成了让联想更加强大的目的？

从财务表现来说，联想并购 IBM 后业务规模大幅扩大，但是其利润一直处于低位。联想并购 IBM 后，其主要业务收入大幅增加：2006 年与 2005 年相比，增长了 350%，2007 年比 2006 年增长了 9.9%，2008 年比 2007 年增长了 12%。主要业务收入的增加显示出在收购 IBM 后，联想的规模大幅扩大。但是，在并购后，联想的主营业务利润出现了下滑，在 2006 年降到了 1.1%，与并购之前相比，下滑了 78%。虽然此后的几年，公司的主营业务利润增长了，但是依然比并购之前要低，并且一直处于低位。所以，很多学者认为，这次并购虽然让联想变得规模更大，但却没有变得更强大。

2.6.3.4 联想国际化的驱动力：谋求战略资产

按照 FDI 的传统理论，发达国家的跨国公司对海外的投资主要通过模仿海外的技术优势来实现。按照 FDI 理论，发展中国家的跨国企业要想获利，就必须把资金投向欠发达国家和区域。因此，在我国，传统 FDI 理论对跨国公司进行反向投资的解释是十分有限的。从个人计算机市场的特点来看，早在 1992 年，联想就把 PC 领域划分成了商用和个人消费两大领域。联想通过学习戴尔的供应链管理模式，并根据市场的实际情况进行模式创新，逐渐形成了一套适合不同顾客需求的商业模式，具体而言，就是以消费者和中小型企业为对象，采用以渠道为中心的交易经营模式。面向商用市场，采用面向大客户的关系经营模式，不经渠道直接销售。联想在并购 IBM PC 事业部前，主要有两个方面的能力：一是针对消费市场的营销，二是供应链流程的组织和售后服务。这两个方面都是联想支持其交易业务模式和获得竞争优势的重要因素。但是联想的高管们也意识到，在全世界的 PC 市场中，商用市场和个人消费者市场的比例是 60∶40。所以，联想一方面要以交易型商业模式为依托，扩大消费类市场；另一方面为了更好地抢占商业市场，联想需要提高关系型商业模式的竞争能力。而世界 IT 产业的发展趋势表明，关系型和交易型的商业模式能否获得成功取决于不同企业自身的能力。联想公司当时存在 3 个方面的不足：一是技术积累不足、技术创新能力差，尤其是笔记本产品的研发，技术水平很低；二是国际市场营销网络基本上是一片空白；三是品牌在国际上的影响不大。而这种能力上的不足，必然会制约联想集团关系型业务模式的发展。联想的国际化发展开始于 1991 年在德国建立的一家海外分支机构,但到 2001 年,美国联想公司创立时,联想在海外只有 7 家分公司,1 家物流中心,100 多个海外销售渠道。2003—2004 财年,联想海外收入占总体收入的 5%~7%,这个比率远低于该公司所设定的国际化目标,并且其主要经营业务是产品的生产、加工以及出口销售,缺乏真正意义上的品牌经营业务。2005 年,联想在中国占据 27% 的市场份额,加之中国的国际计算机品牌之间的激烈竞争,使得联想开始向全球拓展。为了加速国际化,以及弥补在技术上的不足,联想于 2004 年 12 月 8 日,以 12.5 亿美元的价格,购入 IBM 的个人电脑部门,开始了对发达国家进行并购式的海外投资。该事件被视为联想为获得战略资源而采取的"蛇吞象"的战略行动,联想公司通过这一具有明显的战略意图的跨国收购,为快速扩大其在世界各地的业务规模和提升竞争力提供了客观的条件。正如柳传志在一次"我是一只土拨鼠"的谈话中所说,联想从 IBM 的 PC 业务中"购买了三件我们很想购买的产品":第一个是品牌,Thinkpad 是 IBM 花费了 10 多亿美元,花费了数十年的时间打造的国际著名品牌;第二个是技术,并购 IBM 的 PC 业务收获了日本及美国的研究开发队伍及专利,经过数年的整合,中国与海外的研究队伍已能很好地配合;第三个是通过收购联想学习到了国际化经营的思路和理念。

2.6.3.5 联想的海外研发地址选择和组织模式

联想建立了以中国北京、日本大和、美国罗利三大研发基地为支点的全球研发体系结构,联想在中国内地拥有 4 家主要的研发机构,分别在北京、深圳、上海和成都。在 2005 年联想并购 IBM PC 事业部之前,日本大和公司与美国罗利公司的研发中心是 IBM 的子公司,3 家区域的研究机构在产品开发上有各自的职责,并且各自的研究工作相对独立。日本大和实验室是世界科技研究中心,负责联想 Think 公司的全部硬件开发工作。之所以将 Think 产品研发基地选在日本,是因为 Think 产品是一款高端的计算机产品,它的设计目标是面向成熟的商业客户,日本在研究上的特色就是精益求精,这刚好满足了 Think 的产品定位需求。美国罗利公司的研发机构是以市场为基础的研究中心,它不但负责公司产品的开发,还为美国和欧洲等成熟市场的商业客户和供货商提供技术支持。中国的研究机构也是以市场为基础的研究机构，主要为大中华、俄罗斯、拉美等新兴市场消费群体提供服务，为工厂及本地供应商提供技术支援，并针对新兴市场的消费群体开发 Idea 系列产品。3 家研发机构的交流与技术分析频繁，同时，研究和开发人员也可以在不同的研发机构中轮流工作。联想集团的海外研发组织模式属于多国分权型。

2.6.4 长安汽车海外研发案例分析

2.6.4.1 长安汽车的市场及技术水平定位

长安汽车是中国四大汽车集团之一，公司拥有158年的历史，36年的汽车制造经验，在世界各地拥有14个制造基地，并拥有33家整车、发动机和变速器制造工厂。2014年，中国品牌长安系列的汽车产销累计突破1000万台，2016年，长安汽车创造了年销量300万台的好成绩。截至2020年8月，中国品牌长安系列的汽车用户累计突破1900万，成为中国汽车品牌的"领头羊"。2018年，长安汽车开始"第三次创业——创新创业计划"，以传统制造为基础，扩展后市场及其相关价值链，培养智能、出行、科技三大新动力，力求将长安汽车塑造成智能出行科技公司。

（1）市场定位：集中于国内和小部分发展中国家市场。

长安汽车的市场主要集中在国内。长安汽车实施了完全自主品牌的出口模式，其重要出口市场包括俄罗斯、南美、中东等发展中国家或欠发达国家，像欧美和日本这样的发达国家，出口的汽车数量很少甚至为零。长安公司在巴西、俄罗斯、伊朗、墨西哥等国家设立了生产基地，以避免贸易壁垒并拓展其在海外的市场份额。

（2）技术水平定位：后继跟随。

与国内其他汽车厂商相比，长安在主要产品的经营业绩方面没有太大的优势，在2016年公布的中国乘用车营业收入中排名第四，排在上汽集团、比亚迪、长城汽车之后。长安汽车集团2016年度报告显示，上汽集团在2016年的乘用车业务营业收入为7462亿元，相比之下，长安只有785亿元，只占上汽营业收入的10%。

从衡量企业技术水准的世界知识产权组织（World Intellectual Property Organization，WIPO）专利申请数量来看，2006年到2011年，长安汽车通过采用专利合作协定（Patent Cooperation Treaty，PCT），专利申请数量在中国企业中排名第二，增长速度较快，但与奇瑞汽车相比增长势头较为缓慢。2010年后，长安汽车的PCT专利申请数不断下滑，但长城和吉利汽车的PCT专利数却在不断增长。2011年，奇瑞与长安在WIPO专利申请数量上不相上下，均位居前列。2012年，吉利超越长安，位列第二。此后，长城汽车WIPO专利申请的数量也在不断增长，截至2015年，长安汽车已经获得了134件WIPO专利，排名在奇瑞汽车、吉利汽车和长城汽车之后，位列第四。日本汽车公司在世界范围内申请的PCT专利最多，如丰田、日产，早在2006年它们的WIPO专利申请数量就已经达到了2722件和3826件，是同期内长安汽车WIPO专利申请数量的上百倍。虽然长安在过去10年中的专利申请量有所增加，但是与国际著名汽车公司相比存在明显的差距。

虽然在国家认定企业技术中心评定结果中显示，长安汽车排名在长城汽车、广汽集团、北汽集团、中国一汽等企业之前，连续4届共8年来，研发实力在中国汽车行业内排名第一（国家发展和改革委员会等，2015）。但是，欧盟下属研究机构IRI发布的统计数据显示，长安在2015年的R&D经费只有2.54亿欧元。2015年大众公司在R&D上的投资总额是131.2亿欧元，R&D经费投入世界排名第一，是长安公司的50倍，丰田、通用、福特及戴姆勒等全球知名的汽车公司在R&D经费上的投入是长安汽车公司的20多倍。上汽在2015年R&D经费方面的投入达到了9.2亿欧元，是长安汽车公司R&D经费的3倍。在R&D经费方面，长城汽车、江淮汽车、东风汽车等国产汽车都比长安汽车公司要多。在R&D强度方面，长安在2015年的R&D强度仅为3.8%，与全球知名五大汽车公司相比仍处于较低水平，国内汽车企业在R&D强度上超过长安汽车的有江淮汽车和长城汽车，其R&D强度分别为8.0%和4.3%。

综合来看，从长安汽车的主要产品销售额、WIPO专利申请数量以及R&D经费等方面来看，其在创新方面的实力，与上汽、长城、奇瑞等汽车企业相比，都没有太大的优势。与世界知名的大众、丰田等大型汽车企业相比更是存在相当大的差距，是汽车行业技术落后企业中的后起之秀。

2.6.4.2 长安汽车 R&D 国际化的空间布局及策略性动机

（1）空间布局：世界汽车技术中心。

为了打造自己的知识产权，塑造企业核心竞争力，长安公司于 2003 年启动了 R&D 国际化策略，同时，也是中国首家在海外设立 R&D 机构并开展 R&D 国际化业务的公司，目前已分别在美国底特律、英国伯明翰、意大利都灵、日本横滨 4 个地区建立了研究和开发中心，与重庆、上海、北京、哈尔滨、江西的 5 个研究院所组成了立足国内外拥有关键汽车技术的核心城市的"五国九地，各有侧重"的全球范围内的研发空间布局。

美国·底特律——美国技术研发中心。底特律是世界汽车工业的"心脏"，其所在地密歇根州拥有 375 家汽车研究和开发中心，在这些公司中，有 120 家是外资公司，福特、克莱斯勒、通用三大汽车公司的总部就建立在这里，并且全球知名的汽车公司（例如丰田、日产、三菱、现代等公司）都在这里建立了分公司或者技术中心。底特律大都市圈拥有雄厚的汽车技术储备和技术人员储备，密歇根大学、乔治梅森大学、底特律大学以及其他科技大学均为汽车行业输送了大批的技术和科研人员。同时，此地聚集了大批的汽车配件供应商和 300 余家技术服务企业，可以为长安汽车的研发活动提供原动力。美国研发中心的核心工作是集中当地的汽车工程师和相关的研究力量，致力于开发底盘技术，主要内容有底盘技术研究、底盘制造技术研究、底盘性能开发、底盘工程化设计等。新研制的各种底盘技术，主要用于长安汽车未来的中高档车和 SUV 领域，2015 年还增加了智能驾驶和智能网络技术研究与开发工作。该研发中心约 80% 的人员来自美国的三大汽车制造公司以及一级供应商——天合，他们具有平均 23 年的工作经验，具有较高的学历和丰富的研究开发经验。

英国·伯明翰——英国技术研发中心。伯明翰是英国最大的重工业基地，集中了英国大量的汽车企业，还拥有各大汽车研发中心和配件公司，例如劳斯莱斯、福特、日产、丰田、阿斯顿·马丁等企业。长安公司将在诺丁汉设立的研究中心转移到这里来，一方面是为了吸引当地的工程师，另一方面是为了加强与其他企业、大学和供应商之间的联系。目前,该研发中心拥有110余名工程师,他们具有平均25年的工作经验,10%以上的员工具有博士学历,并且都是资深的技术人才,他们大多在劳斯莱斯、宾利、捷豹、路虎、宝马等知名的汽车公司做过研发工作。英国汽车业的优势在于研究和生产引擎和传动装置,充分发挥英国在引擎和传动领域的人才和技术优势,以尖端产品为导向,对先进的动力系统进行概念设计。长安汽车英国研发中心的首要研发任务就是加快提升总公司动力总成设计与开发能力。

意大利·都灵——欧洲技术研发中心。都灵拥有丰富的汽车文化和悠久的历史,是欧洲公认的汽车设计之都,拥有宾尼法利纳、乔治亚罗等世界顶级的设计公司。长安公司在都灵成立研究和开发中心的主要目标是聘请当地出色的汽车设计师来参加所有核心新车的造型设计工作。目前,研发中心已拥有全面布局设计、创意设计、数字化设计、软硬脂模型制造、模型后期处理等覆盖汽车造型设计的整个流程的综合实力。

日本·横滨——日本技术研发中心。日本拥有发达的汽车工业,在汽车的开发和制造上有着丰富的资源,特别是在汽车内部设计领域,有着丰富的专业技术人员。成立日本研发中心,其目标是聘请日本技术人才,加强与日本汽车零部件厂商的合作,致力于汽车内饰的外形及工程设计,并将最新的技术应用到长安汽车的微型车和油电混合动力车的生产领域中。

(2)策略性动机:为国内市场提供技术和创新资源,获取技术及创新资源以服务国内市场。

2001年,长安和美国福特公司组建了一家合资企业,长安汽车开始了与海外品牌的合作,通过与海外的汽车企业组建合资公司获得了技术转让,长安的技术水平有了很大的提升。但是,跨国企业技术转让的动机决定了建立合资企业的主要目标是抢占市场,而非主动性的技术转移,而且中国汽车产业的技术吸纳能力较弱,所以到目前为止,中国汽车产业还没有完全掌握关键技术。所以,长安在经历了"技术引进,消化吸收,联合开发"的过程之后,最后选择了以自主创新为主的发展方式。长安汽车作为全球汽车企业的后起之秀,在自主研发方面的一个核心策略就是以国际化的研发中心为平台，借助海外 R&D 中心的资源，迅速获得海外研发队伍的研发体系、技术能力及产品研发经验，逐步整合全球创新资源，打造自己的核心能力，为国内市场服务。

长安汽车在意大利成立研发中心的第二年就发布了逸动车型，逸动在 2014 年的 A 类销售排行榜上名列前茅，成为在自主品牌中销售最好的汽车之一，它的设计理念和研究开发均来自都灵研究中心。2006—2012 年，意大利研发中心已经完成了 800 多项创新设计任务，以及 23 个 S4 级以上的整车开发项目（包括产品工程和概念车工程合计）。英国研发中心建成后，长安将借助英国在引擎及传动领域的发展优势，迅速提高其动力系统的设计与开发能力。目前，长安英国研发中心已建成了从硬件到软件全部自主设计制造的动态旋转实验平台、液压试验台等，能够实现对于不同工作温度下变速器和传动装置以及各类液压系统特性的应用研究，2010 年至今，公司已开发出 7 速湿式双离合变速箱、3 种发动机以及多种纯电动汽车。2011—2016 年，长安美国研发中心已经研制出了 3 种型号的底盘，完成了 3 种新技术的预研，并为 5 款车型底盘进行了性能匹配工作，公司技术实力涵盖 4 个主要领域，拥有 26 项核心技术。

长安汽车公司通过海外研发中心把先进技术引进国内，实施从零起步的积极自主研究计划，在内饰件造型设计、模型制作、发动机、底盘等核心技术上实现了突破，加快了公司核心能力的提高并逐步拉近了与国际领先汽车制造商的距离。

2.6.4.3　多模块聚合的空间组织方式

长安作为世界汽车制造商的后起之秀，其技术水平与发达国家的汽车企业有着很大的差距。目前，它的市场主要是中国和一些发展中国家，在国际市场上的份额非常小，而且在国内市场上的份额并不是很大。作为一家在技术上处于不利地位并正在努力开展 R&D 国际化业务的企业，在没有技术和市场的优势的前提下，长安公司推行研发国际化的策略，其目的在于从世界各地收集创意资源和技术，并集中到国内的总部，从而形成一个多技术模块聚合的空间组织方式。

从职能上看，长安汽车公司的国内总部是全球研发中心的绝对决策人，它负责全球各地 R&D 中心的整合与协调。从技术层面上看，长安汽车在海外建立 4 家 R&D 中心，其研发能力与技术实力都要强于国内，并依据各自的技术优势，承担起整车生产过程中各个技术模块的研发工作。海外研发中心和总部之间的关系是"互有分工，各有侧重"的。海外研发中心负责前期的技术研发，然后汇聚到总部，将产品的研发和设计与供应商进行集成，最终生产的产品以国内为重点市场。总部与海外 R&D 中心之间的沟通，主要是通过定期的视频会议，或是由总部派出相关人员到海外研发中心进行跟踪和研究，并能实现国内生产的无缝对接，海外 R&D 中心均为总部提供服务，但彼此间的正式沟通却很少。

3 海外投资的国际借鉴

3.1 美国海外直接投资的特点及提升绩效的经验

3.1.1 美国海外直接投资特点分析

(1) 海外投资区位分布发生较大变化。

从第二次世界大战结束到20世纪80年代末,美国对外直接投资从发展中国家和地区转向发达国家和地区,且对发达国家的投资比例不断上升。然而,自1992年以来,美国对发达国家和地区的直接投资从1992年的75.5%下降到2003年的71.2%。2003年,美国对发展中国家和地区的外国直接投资累计余额约为369亿美元,约为1990年的3倍,占当年外国直接投资的28%。此外,美国在发展中国家和地区与发达国家和地区的外国直接投资分配也发生了变化。就对发展中国家和地区的投资而言,对拉丁美洲的直接投资比例从1980年的37.1%上升到2003年的44.7%;对亚太区域和非洲发展中国家和地区的比例也略有增加。就发达国家和地区的外国直接投资而言,美国对欧盟的直接投资占主导地位,约占美国对发达国家和地区直接投资的70%;对日本的直接投资占外国直接投资总额的比例从1980年的6.2%下降到2004年的2.4%。

(2) 投资产业结构由低级向高级发展。

美国海外直接投资初期,主要为农业和矿业采掘业,随着海外投资的发展,逐步向制造和服务业升级。美国国内产业结构的升级直接带动了海外投资产业的变化,矿业、石油业由1914年占比40%,到1980年的25%,1989年占比更是降低到15.5%。但是,制造业占比却逐年增加,自

1914 年占比 18.2%，到 1980 年占比 41.7%。服务业也从 1914 年的 6.5% 上升到 1989 年的 38.4%。20 世纪 90 年代以来，美国对外直接投资的整体产业结构发生了进一步的变化。服务业逐渐成为美国最大的海外直接投资产业。其中，金融、保险和房地产行业的投资远领先于其他行业，90 年代中期的累计投资超过了整个制造业的累计投资。服务业占比从 1992 年的 27.17% 迅速上升到 2000 年的 41.95%，而制造业的累计投资占比从 37.41% 急剧下降到 27.33%。

3.1.2 美国海外直接投资经验分析

（1）积极建立海外投资保证制度。

美国是一个私有制国家，因此海外直接投资主要由私人企业进行。私人企业在海外投资会面临更多的风险，比如东道国的政治风险、货币贬值风险、商业损失风险等。面对这些问题，美国政府积极建立完善的海外投资保障制度，1948 年颁布了《经济合作法》，1969 年修订了《对外援助法》。美国主要有 3 种海外投资保障制度，分别是海外投资政治风险保障、海外投资全风险保障、中南美住宅投资保障。

美国的海外投资保证体系的主体内容是外汇保险、征用保险和战争风险，保险人是美国的海外直接投资企业，被保险人是海外投资者，并且详细规定了保险期限、保费、申请程序、存在争议等内容。美国海外投资担保制度的建立和海外私人投资公司的设立对保护美国海外投资者起到了积极作用。它们受到了投资者和东道国的欢迎，促进了美国海外投资的扩大，为美国成为第二次世界大战后最大的海外直接投资国作出了巨大贡献。

（2）海外直接投资的鼓励政策和措施。

除了上述提及的海外投资保证制度，美国在资金支持、税收优惠、外交支持和情报服务等方面采取了一系列的激励政策和措施，有效地促进了美国私人企业在海外直接投资的积极性。

美国政府利用各种合法渠道和机构为海外投资企业提供资金支持和资本援助。当海外投资企业面临资金压力、资本不足的情况，可以向美国进出口银行或者一些海外私人投资公司进行贷款申请，贷款速度较快，利率较低，可有效缓解海外投资企业的资金压力。为进一步鼓励私人企业进行海外投资，美国政府提出税收优惠政策，在20世纪初就开始采用减税、降低税率等优惠政策。

美国政府采用签订双边或者多边协议，制定海外投资相关法律等方式，为海外投资企业提供外交支持和交易保护。主要有《美英贸易和金融协定》《经济合作法》《肯吉卢波修正案》和《冈萨雷斯修正案》等法律条文，有效保护美国私人企业海外投资活动。除此以外，美国还凭借全球经济中的霸权，利用国际复兴开发银行（International Bank for Reconstruction and Development，IBRD）、经济合作与发展组织（Organization for Economic Co-operation and Development，OECD）等为海外投资企业提供服务。

美国政府借助发达的投资情报服务系统，对东道国的经济、政治、法律、市场等进行研究，及时向海外投资企业提供情报支持及咨询服务，降低海外投资企业投资失败比例，提升海外投资收益，从战略层为海外投资企业提供情报服务。

3.2　德国海外直接投资的特点及提升绩效的经验

3.2.1　德国海外直接投资特点分析

（1）海外投资主要集中于发达经济体。

长期以来，德国海外投资主要集中于发达经济体。如1983年德国海外投资中有77.7%在发达经济体，1989年比重上升到94%。在投资的具体国家和地区选择上，德国比较倾向于美国、英国、日本等发达国家，主要原因是这些东道国可以提供比较先进的技术水平、管理模式，并且投资环境较好，投资风险较小。在一些欠发达国家和地区，德国投资较多的国家和地区是巴西，其次是中东和亚太地区。

（2）投资产业由制造业向服务业升级。

加工制造业历来是德国的强项，因此早期德国海外直接投资的产业主要是加工制造业，打造"德国制造"品牌，其中加工制造业中投资最多的为化工业，在全球范围内充分利用其研发能力和研发平台，占据了广阔的市场发展空间。随着金融保险、外贸批发与商业零售等服务行业的需求增大，德国在海外服务行业的投资逐步上升。据统计，德国制造业1958年占比84.2%，1970年占比64.2%，逐年递减，而在20世纪80年代后，服务业1990年占比59%，2005年占比高达71%，逐年递增。

（3）投资以自有资本为主，控股程度较高。

德国企业以实业为基础，资金雄厚，以参股性自有资本投资为主。由于德国的技术水平较高，管理架构完善，大部分德国企业选择独资或者主要控股等方式，据统计，约70%的对外投资选择独资，项目数量占投资总数的2/3以上。正因如此，在德国金融危机爆发时，大量海外企业资金无法回流，减小了金融危机的冲击，保障了德国海外投资的稳定性和持续性。

3.2.2 德国海外直接投资经验分析

（1）借助全球化市场转移国内投资风险。

自第二次世界大战以来，德国国内投资环境越来越恶劣，主要表现在如下方面：首先，德国于1966年、1973年、1980年分别爆发了三次经济危机，经济危机导致消费水平下降，产能过剩，国内的投资受到很大的冲击。其次，随着工会职能越来越完善，工人劳动成本逐步增加，德国国内生产成本逐步上升。最后，由于不断增高的福利水平，德国的税收越来越高，1991年德国的税收高达50%，远超过美国、日本和英国。这些原因都增加了企业负担，为了改变这些危机，大量德国企业转移资本，将工厂外迁，提高对海外的直接投资水平。

（2）利用法律手段保护海外直接投资。

为了进一步保护海外投资企业的基本利益，德国制定了比较有效的法律保护措施，促进企业"走出去"，保障企业海外投资便利化。1961年，德国政府出台了《对外经济法》及《对外经济法条例》，激励和保护企业进行海外投资。为了实现国际直接投资自由化的目标，德国通过与国际其他组织、投资东道国签署双边或者多边投资协定,充分为企业海外投资提供支撑。德国是世界上签署此类协议数量最多的国家,协议的内容主要包括投资者可以享受东道国的福利待遇,投资资本和收益可自由汇出汇入,发生争议可以提交国际仲裁等方面。同时,德国还加入了全球性的多边投资协定公约,如由 IBRD 提出的《解决国家与他国国民之间投资争端公约》,WTO 提出的《与贸易有关的投资措施协议》,由商人组织提出的《促进和保护私人外国投资国际协会公约》等。这些法律、条例、协议、公约将德国企业海外投资有效地保护起来。

(3) 在金融、财税等方面扩大政策支持。

德国制定了一系列金融、财税等经济政策,有效促进企业海外直接投资积极性。在金融方面,制定金融担保、资金贷款、资金补贴等金融促进措施,企业海外经营资金不足时,可向德国国内银行提出贷款,企业也可通过贷款支持企业提高海外股份。在财税方面,采取税收平等、单方收税、降低税率等税收促进措施,德国保证单方面收税,对已经在东道国纳过税的企业不再收取税费,并针对不同投资企业,实行特定的限制税率优惠政策。

(4) 加强直接投资风险防范。

为了降低直接投资风险,德国建立了比较完备的对外投资担保体系,规定了一定的担保原则、条件、程序等内容,颁布《对外投资担保条例》,主要用于担保东道国因政治事件、政策变化等非商业因素导致的投资损失。德国工商总会(DIHK)派出的驻外机构已经在全球设立 110 多个代表处,对德国企业在全球各地投资和风险防范起到重要的保护作用。

(5) 全方位提供咨询引导服务。

德国政府充分发挥各部门级联服务效能,联合财政部、中央银行、经济与劳动合作等部门,并借助社会中介力量,建立透明、公平、科学的公共信息服务平台,为各类跨国企业提供高效服务。比如,投资风险衡量、投资环境分析决策、投资国家法律政策、投资市场机会咨询等服务。联邦政府提供专门的贸易洽谈会,聘请专家为企业海外经营建言献策。德国有很多家专门促进海外投资经营的机构,其中最重要的机构是德国投资发展公司、德国技术合作公司和德国复兴信贷银行。这 3 家机构在项目融资、项目合作咨询、专业技术支撑等方面为跨国企业提供优质服务。

3.3 日本海外直接投资的特点及提升绩效的经验

3.3.1 日本海外直接投资特点分析

第二次世界大战结束后，日本充分利用全球市场机遇，全力促进经济发展，很快便实现了经济的复苏。1955年至1975年，日本GDP逐年增加，从8.4万亿日元飙升至148.3万亿日元，奠定了坚实的经济基础。日本作为后来者居上的国家，对外贸易额逐年增大，全球市场份额日益扩大，由于竞争关系，日本与欧美等发达国家的贸易摩擦也日益加剧。在强大的经济基础、剧烈的贸易摩擦，以及日本构造的良好的投资环境等背景下，日本开始了大规模海外直接投资项目。其海外直接投资主要有如下几个特点：

(1) 日本海外投资经历高速增长、停滞到恢复发展。

20世纪80年代后，日本的海外投资规模快速增长。从1984年到1986年短短2年时间，对外投资总额由100亿美元增加到223.3亿美元。日本在80年代中期，已然成为对外投资的强国。据统计，1989年，日本对外直接投资总额为675.4亿美元，超过英国投资总额，勇跃世界第一位。日本的跨国投资总数量不断增加，单宗投资项目投资金额也不断刷新纪录。据统计，1985年至1990年，日本有高达21宗跨国并购超过了500亿日元。进入90年代，由于世界经济不景气，日本泡沫经济崩溃，其对外投资金额逐步减少。据统计，1993年投资金额落后于美国、法国、英国、德国，位居第五，1988年更是跌至十位开外。随着2003年中国经济的飞速发展，在中国特需的拉动下，日本经济开始复苏，对外直接投资也开始缓慢增加，2005年日本对外直接投资金额为454.61亿美元，成为世界投资大国第六名。

(2) 投资区域以欧美、亚洲为主。

日本的海外投资区域以欧美和亚洲为主。在第二次世界大战后初期，由于敌对关系，日本在亚洲投资较少，而在欧美发达国家直接投资较多。

一方面，欧美发达国家具有吸引日本企业的先进技术；另一方面，这些发达国家国内市场稳定，融资渠道丰富，容易获得资金支持。到了20世纪70年代，由于敌对关系缓和、亚洲四小龙崛起，经济迅速发展，日本开始布局亚洲市场。此时的亚洲劳动力丰富，资源富裕，市场需求广阔，是很多国家海外直接投资的沃土。80年代之后，日本与欧美国家的贸易摩擦减缓，日本海外投资开始重新向科技先进、资产肥沃的欧美发达国家倾斜，而亚洲市场的直接投资缓慢增加。

（3）海外投资产业逐步升级。

20世纪60年代末，由于国内经济飞速发展，劳动力成本增加，日本在东南亚、拉丁美洲投资了大量纺织、造纸、汽车组装等劳动密集型产业。在20世纪80年代日本海外投资大规模发展的时期，其对外投资产业主要是食品、造纸、木材、机械、电气等制造业。仅1981年到1984年间，日本在制造业方面的海外投资总额就高达94.75亿美元。在非制造业方面，日本对外投资主要涉及金融保险、矿业、运输、不动产、渔业等产业，1986年至1988年，日本在金融及保险产业的海外投资达到310.17亿美元。《广场协议》签署后，在日元坚挺的支持下，日本海外直接投资又有了很大提高。其中，高科技产业的汽车、电子和机械以及第三产业的金融保险、房地产和租赁已经开始在欧美国家大规模投资。

（4）投资模式已从绿地投资转向并购。

20世纪80年代以前，日本企业在发达国家的海外投资项目主要采用独资的形式，独资可以让企业保持自身优势，掌握独立经营权。而对于发展中国家的海外投资，为了减小投资风险及缓解资金压力，一般采用合资的形式进行投资。20世纪80年代以后，对于发达国家的投资，日本企业多采用并购的形式，而发展中国家投资多采用合资、独资、委托加工等模式。

3.3.2 日本海外直接投资经验分析

（1）海外投资促进国内产业升级转型。

日本海外直接投资采用边际产业扩张理论，即选择国内比较劣势的产业在海外进行投资，从而使国内的产业结构更加合理化。日本海外直接投资企业在边际产业扩张理论的指导下，将低技术含量、高劳动密集的产业，投资到东亚和东南亚的国家，而在国内发展技术高端、资本附加值高的产业，利用海外投资实现国内产业结构的"洗牌"，实现国内产业结构优化升级。

（2）充分发挥大企业集团"领头羊"作用。

在早期的经济发展过程中，三菱、三井、富力等企业在日本政府的扶持下，拥有雄厚的经济和技术实力，逐步成为行业的"领头羊"，控制着日本的经济命脉。这些强大的公司在国际市场的竞争中很容易站稳脚跟，打开国际市场。为了进一步扩大海外投资领域，日本鼓励小企业和大企业联合，充分发挥"领头羊"作用，鼓励中小型企业学习大企业的技术，形成以大带小的海外直接投资规模优势。

（3）全面的海外直接投资激励政策。

自《外汇及外国贸易管理法》实施开始，日本政府不断增强海外直接投资的自由化，消除海外投资限制，规范海外投资程序，建立强大的金融、税收、市场及保险等咨询服务机构，为海外投资企业提供全面的服务支撑。在金融支持方面，日本政府成立专门的金融机构，为资金紧张的海外投资企业提供贷款服务，并制定细致的金融扶持政策。在税收方面，采用税收减免优惠政策，减轻海外投资企业的竞争负担。在技术支持方面，为中小型企业提供技术培训、决策咨询、技术交流等机会，有效提升企业的创新能力。在服务支持上，日本建立了国家、都道府县、地方基层3个层面的立体化服务体系，全方位保驾护航企业海外投资。

3.4 韩国海外直接投资的特点及提升绩效的经验

3.4.1 韩国海外直接投资发展历程

借着经济全球化的东风，韩国利用海外直接投资有效促进了国内经济的飞速发展。韩国海外直接投资可分为3个阶段。第一阶段是20世纪60年代至80年代初，该阶段韩国对外投资刚刚起步，规模较小，累计投资金额仅为1.73亿美元，主要目的是促进韩国本土的商品出口贸易。第二阶段是20世纪80年代，该阶段韩国受1979年石油危机的影响，政府迫切希望韩国有充足的自然资源，因此韩国大规模投资海外采矿业，1982年开始，年投资额度超过1亿美元，并呈现逐年上涨的趋势。第三阶段为20世纪90年代至今，这个阶段韩国的海外直接投资规模不断扩大，除了采矿业，制造业和贸易业也占有重要地位。在该阶段，韩国政府也出台了关于海外投资的一系列利好政策，简化海外投资手续，鼓励和扶持国内企业走出国门。

3.4.2　韩国海外直接投资特点分析

（1）韩国海外直接投资区域分布。

韩国海外直接投资的主要区域是亚洲和北美，约占总额度的75%，其中，亚洲区域中国市场占比较大。据统计，仅2014年，韩国对中国的海外投资占总投资额度的11.7%。中国经济的发展给韩国带来了不可估量的国际市场，因此韩国越来越重视对中国的海外投资。受美国比较成熟的金融环境以及先进技术的影响，韩国对美国的海外直接投资主要在房地产、租赁、金融保险等行业，而对中国的海外投资主要集中在劳动力密集的制造业。

（2）韩国海外直接投资产业分布。

在韩国的海外直接投资产业中，制造业和服务业始终是两大巨头。由于自然资源不足，韩国也十分重视各类自然资源的进出口，因此采矿业的投资也在逐年增加，据统计，2014年韩国海外直接投资总金额中制造业比重最高，占比27%，采矿业占比20%。

3.4.3　韩国海外直接投资经验分析

（1）政府层面大力支持。

韩国政府一直致力于完善、优化海外直接投资政策，从金融支持、降低税收利率、投资风险防范、信息支持等多方面采取支持政策，并根据不同的海外投资时期进行适当调整，从政府层面全力保障海外直接投资。韩国政府积极扶持大型企业集团进行海外直接投资，培养跨国投资主力军。1975年积极向三星、现代、LG等大企业提供海外贸易政策、财政金融支持等。1997年亚洲金融危机爆发后，力推三星企业提升创新力，增强竞争能力，并助力企业结构改革。韩国政府对中小型企业也十分重视，提供更优惠的支持政策，一方面对涉及高新技术的中小企业提高贷款额度；另一方面积极引导中小企业紧抓海外需求，促进中小企业国际化发展水平。韩国政府十分注重培养国际化精英人才，并及时为意向企业提供全面的信息服务。韩国政府提出"国际经济人才"培养计划，鼓励本国科研院所与国际先进企业开展合作，并设立专门的经济政策、投资环境、投资风险、市场分析等情报服务机构。

（2）企业层面创新经营。

韩国企业通过设立研究院、聘请先进人才、多渠道分散引进成套技术、外派人员学习等手段，有效提升自主创新能力，培养先进技术骨干。韩国企业广泛开展战略合作，实现多元化经营目标，比如三星集团，1993年开始宣布"新经营"政策，先后与通用电气、爱立信、索尼、摩托罗拉等先进企业合作，在有效节约研发成本的基础上增强自身技术水平。韩国企业采用较为灵活的投资方式进行海外直接投资。韩国企业根据不同时期、不同规模灵活地选择海外直接投资的进入方式。为了保持自身优势，掌握话语权，韩国企业在海外直接投资起步阶段主要采用独资的方式，但随着海外投资规模的扩大，企业资金负担越来越重，投资企业越来越多地采用合资经营方式，以减小自身资金压力。

4 海外研发平台调研案例分析

随着全球化进程的加快，建立海外研发平台进而充分利用国际市场创新成果，成为中央企业实现创新驱动的重要转型升级道路。海外研发平台发挥着吸收先进技术和知识、获取创新资源的作用。一方面，设立海外研发平台有利于企业技术能力提升；另一方面，这也是企业"走出去"战略的重要举措。企业在海外建立研究与发展机构，先行者是美国和西欧的跨国公司。第一波是西方发达国家的一些跨国企业，早在20世纪70年代，这些企业就开始通过在海外设立研发机构，将母公司先进的技术和知识转移到海外研发机构，从而支持海外分公司拓展生产和销售。第二波是日本企业和稍后的韩国企业。第三波是中国企业和印度企业。从20世纪90年代末起，中国企业开始在海外建立研究与发展机构，至今已经有可观的数量与规模。

《中央企业海外社会责任蓝皮书（2019）》显示，已有27%的中央企业在东道国设立研发中心。中央企业设立海外研发机构的方式，从资金构成和投资形式两个维度可以划分为4种：独资新建、合资新建、独资并购、合资并购。其中，独资新建的优点是对海外研发中心的控制力强；缺点是资金占用量大，在东道国缺乏关系网络，缺少信息来源。合资新建的优点是通过寻找当地合作者可以学习合作伙伴的先进技术，利用合作伙伴的帮助适应东道国环境；缺点是寻找条件合适又有意向的当地合作者会花费企业大量时间和精力。独资并购的优点是目标明确、周期短、见效快，企业能直接获得被并购企业的研发设施、专利、技术和优秀技术人员，并且能够依托被并购方原有的关系网络嵌入东道国的创新系统；缺点是资金占用量大，并购后的整合过程复杂，有可能导致被并购企业的优秀技术人员流失，而且一些并购需要东道国政府的批准，不确定性因素较多。合资并购的优点是可以与合作伙伴分担风险；缺点是合作双方在控制权上容易产生矛盾，并购后整合困难。

根据研发机构的功能定位，可以将中央企业研发机构分为技术跟踪型、技术支持和技术改造型、技术开发型、基础技术研究型4类。技术跟踪型设立目的主要是跟踪当地的技术进步与市场变化，其本身并不从事技术开发活动；技术支持和技术改造型设立目的主要是为公司的海外研制工作和市场行为提供技术上的支持；技术开发型主要着眼于利用外国先进的科技资源，开发设计新产品和新工艺；基础技术研究型主要是从企业长远发展目标出发，从事前瞻性的技术研究工作，为确立将来的技术规范进行知识储备。4类研发机构层次逐级提升，所要求的技术和资金也不断提高。目前，中央企业设立海外研发机构的主要目的是进行技术跟踪和搜索，技术本土化，以及围绕企业的技术创新战略，提供辅助性研究，而进行基础研究的海外研发机构少之又少。

目前，已有一些同类企业在海外研发平台的建设中形成一些相对成熟的方案，具有一定的参考和借鉴意义。

4.1 中国电建典型海外研发平台建设及典型业务现状

4.1.1 海外研发平台建设

"一带一路"倡议提出后，建筑企业尤其是中央企业按照党中央、国务院和国务院国资委的部署安排，结合企业功能定位和能力优势，深入研究发展机会，搭建顶层设计，制定规划、制订计划，调整机制体制，优化组织结构，强化资源配置，扎实推动"一带一路"框架内具体项目的落实，已取得了一些初步成果，此以中国电力建设集团有限公司（以下简称中国电建）为例。

中国电建是经国务院批准，在中国水利水电建设集团公司、中国水电工程顾问集团公司和国家电网公司、中国南方电网有限责任公司所属的14个省（自治区、直辖市）电力勘测设计、工程、装备制造企业的基础上重组而成，是国务院国有资产监督管理委员会直接管理的中央企业。

中国电建是全球清洁低碳能源、水资源与环境建设领域的引领者,全球基础设施互联互通的骨干力量,服务"一带一路"建设的龙头企业,为海内外客户提供投资融资、规划设计、施工承包、装备制造、管理运营全产业链一体化集成服务、"一揽子"整体解决方案的工程建设投资发展商。此外,受国家有关部委委托,承担国家水电、风电、太阳能等清洁能源和新能源的规划、审查等职能。

中国电建位居2021年《财富》世界500强企业第107位、2021年中国企业500强第33位、2021年ENR全球工程设计公司150强第1位、2021年ENR全球工程承包商250强第5位;拥有9个国家级研发机构、11个院士工作站、9个博士后工作站;获得国家科学技术奖112项、省部级科技进步奖3192项,拥有专利18393件。

中国电建业务遍及全球130多个国家和地区,多年来为世界各国、全球客户交付了一系列代表行业领先水平、令世人瞩目的精品工程。

中国电建开展的国际业务主要有以下5个方面:

一是将集团战略与国家"一带一路"建设和国际产能合作要求相结合,把集团国际优先发展战略升级为全球发展"三步走"战略。在公司"十三五"发展规划中明确将公司未来的战略定位为:服务"一带一路"建设的龙头企业,全球清洁低碳能源、水资源与环境建设领域的引领者,全球基础设施互联互通的骨干力量;结合公司实际情况,将中国电建最早提出的"国际优先发展战略"进行战略升级,在坚持国际业务优先的基础上,提出"全球发展战略",明确集团化、属地化、全球化"三步走"发展路径。

二是以国际领先理念为指导,创新国际经营体制机制,更好地践行国家"一带一路"倡议和优势产能"走出去"重大部署。中国电建整合集团内部国际业务优势资源,重组成立中国电建国际公司,与集团海外事业部"两块牌子、一套人马",合署办公,既履行集团国际业务归口管理的部门职责,又履行引领集团国际业务发展的经营职责。同时,在全球设立六大区域总部,代表集团公司在所属区域内贯彻落实集团公司国际业务发展战略,将国际业务经营和管控职能前移到海外第一线,贴近市场、深耕细作,加快对市场的反应速度,提升中国电建在全球的战斗力和竞争力,从而更好地践行国家"一带一路"建设和优势产能"走出去"重大部署。

三是发挥行业规划设计龙头企业的作用,创新采取"规划先行、高端切入"的模式抢占市场先机,扩大市场份额。发挥"懂水熟电、善规划设计、长施工建设、能投资运营"的优势,积极参与国家"一带一路"能源合作专项规划、中巴经济走廊(CPEC)能源合作规划、中国—东盟绿色能源网络规划、孟中印缅经济走廊规划、中亚能源合作规划、中国与东南亚四国电力合作规划等重点任务,先后组织了106个国家的电力市场规划研究,主动为国家"一带一路"倡议的实施出谋划策,加快将"一带一路"倡议从构思中的蓝图转化为可操作的规划。同时,专门设立国际重大项目前期规划专项资金,支持成员企业选择有潜力的国别市场,为东道国提供资源普查、咨询、规划、可行性研究和方案设计等前期工作,以"规划先行、高端切入"为思路,培育、谋划一批长远项目,形成"一带一路"建设重大项目储备库。

四是以强大的产业链为支撑,创新商业模式,扎实推动"一带一路"框架内具体项目的落实。中国电建紧紧围绕"一带一路"优先领域,创新商业模式,大力推动项目落地。在中巴经济走廊14个优先实施项目中,中国电建占据3席,分别是巴基斯坦卡西姆港2×660兆瓦燃煤电站、巴基斯坦Dawood(大沃)50兆瓦风电投资项目、巴基斯坦Sachal(萨查尔)50兆瓦风电EPC总承包项目。目前,项目都已经开工建设,进展态势良好。其中,通过模式创新,与国际资本(卡塔尔Al Mirqab Capital 投资公司)联合以BOO模式共同投资建设巴基斯坦卡西姆港燃煤电站(2台66万千瓦),中方以51%的出资全面负责项目建设和运营,充分体现了中国电建全产业链优势,带动中国资金、中国技术、中国设备、中国标准全产业链产能"走出去"。作为中巴经济走廊优先实施项目中的首批落地项目,该项目标志着"一带一路"建设开局并拉开了中巴经济走廊建设序幕,也开创了中国公司和海外公司联合在境外开展电力项目投资的先河。据测算,仅卡西姆燃煤电站就可带动中国机电装备出口约10亿美元。

五是发挥骨干企业的带动作用,与产业链上下游企业组成联合舰队

"编队出海"。中国电建秉承"合作共赢"经营理念，一直致力于加强同产业链上下游各领域合作伙伴的战略合作，积极带动国内工程技术标准和装备制造携手"走出去"，形成强强联合、优势互补、风险共担、平等互利、共同发展的生命共同体，通过优势互补，相互创造市场机会，增强整体竞争和发展能力。例如，与华能集团、哈电集团、中国兵器、大唐集团、中国建材、中国石化、南方电网、国机集团等签订了战略合作协议，发挥各自在国内外信息资源、业务渠道、技术、管理等方面的优势，围绕国家"一带一路"建设开展分工与合作。据统计，自2004年以来，中国电建已带动我国机电设备出口约265亿美元。

电网工程技术（美洲）研究院

电网工程技术（美洲）研究院是中国电建批准和支持其子企业中国电建集团山东电力建设第一工程有限公司（以下简称山东电建一公司）设立的海外研发平台。山东电建一公司始建于1952年，是世界500强中国电建骨干成员企业，注册资本为16亿元，拥有电力工程施工总承包特级、建筑工程施工总承包壹级、电力行业设计甲级、电站调试甲级、锅炉安装改造1级、起重机械设计制造安装维修A级以及市政公用工程施工总承包、环保工程专业承包等30余项资质，持有ASME组织A、PP、U证及NBR资格证，是全国"守合同重信用"企业和国家高新技术企业，被誉为全国的"电建铁军"。

山东电建一公司安装了全国第一台50兆瓦到1000兆瓦各类型机组，创造了100兆瓦、200兆瓦、300兆瓦、600兆瓦、1000兆瓦机组安装全国同期最好纪录，承建工程先后获国家优质工程金奖3项、鲁班奖7项，国家优质工程奖、省（部）优工程奖等70多项。70年的风雨砥砺，山东电建一公司已发展成为集火电、核电、新能源发电、电站设计、电站调试、检修运维、输电变电、基础设施和起重机械设计制造、商贸物流、投资融资于一体的综合性、集团化、多元化国有大型电力工程公司。先后建成各类发电机组600余台（套），装机总容量（主体工程）超过114000兆瓦，承建项目遍布南美、北美、南亚、中亚、西亚等10多个国家和国内30多个省（自治区、直辖市），是我国承建项目跨地域最广、经营规模最大的电力工程公司之一。

山东电建一公司同时拥有国外工程承包和成套设备进出口经营等多项海外业务资格，自1998年进入国际电力工程建设市场以来，以EPC总承包、EPC总分包、施工总承包等方式先后承建了印度BALCO 4×300兆瓦、KMPCL 6×600兆瓦、塔尔万迪3×660兆瓦、哈萨克斯坦乌斯克门1×150兆瓦、巴西坎迪奥塔1×350兆瓦燃煤电站工程、巴基斯坦萨希瓦尔2×600兆瓦燃煤电站等电源工程。2006年，山东电建一公司进入巴西市场，建设了当时南美最大火电机组——坎迪奥塔电厂C期项目，先后承揽了巴西、厄瓜多尔、墨西哥等美洲地区多个国家的电网工程建设项目，建成400千伏及以上变电站4座，230千伏及以下变电站11座，±800千伏特高压直流输电线路1280千米，500千伏交流输电线路2421千米，230千伏及以下输电线路200千米。

山东电建一公司是国家高新技术企业和国家知识产权示范企业，拥有国家塔式起重机质量监督检验中心整机试验基地、山东省企业技术中心、山东省塔式起重机工程技术研究中心、山东省相控阵超声检测技术应用研究中心、中国电建装备研究院起重研究所、山东省电站机组建造及检测工程实验室等多个科技创新平台和资质。拥有授权专利900余件，其中发明专利166件，获得省部级及以上科技进步奖200余项，获得全国创新能力千强企业、山东省技术创新示范企业、山东省科技领军企业、中国电建科技创新先进集体等荣誉表彰。

山东电建一公司于2018年成立电网工程技术（美洲）研究院（以下简称研究院），研究院的建设获得中国电建批准及巴西政府的经营许可，并获批济南市科技企业海外研发机构。

（1）功能定位和总体目标。

研究院的功能定位为"技术创新+技术转化+技术支持"，旨在通过专业化海外创新平台的运作，根据当前企业业务需要及发展需求，

海外研发平台建设
——企业国际化发展的创新引擎

一是系统性地开展自主创新与集成创新，进一步提升集团在电网工程建设领域的技术比较优势。二是通过标准、方案、装备的转移，不断创新完善现有技术，适应当地市场需要，推动国内高端技术"走出去"，通过引入当地创新合作伙伴，兼并或收购当地研发机构，快速、直接地获取当地高质量研发资源和先进技术，推动国外先进技术"引进来"，实现技术转化和二次创新。三是为项目履约和市场拓展提供技术支持和技术储备，进一步提高集团和公司电网工程的建造技术水平及海外工程履约能力，为更好地开拓海外电网工程建设市场打下基础。

研究院建设的总体目标是遵循"创新引领、需求导向、深度融合、开放共享"的理念，按照"立足巴西、集团共享、服务美洲"的发展思路，以科技创新为引领，积极发挥海外属地化研发平台作用，以信息化为手段，深度融合国内外高级别院校院所和集团内部输变电全产业链优质资源，以市场需求为导向，按照"高端切入、规划先行"的业务拓展新思路，通过市场化、属地化、集团化、信息化的运作，开展规划设计、装备制造、施工调试、检修运维等多领域研究，推动集团乃至国内电网工程技术、装备和工程总承包一体化"走出去"。

（2）组织机构设置。

研究院独立运行，实行"管理委员会"指导下的院长负责制。管理委员会是研究院的决策与指导机构，负责资源调配和协调，重大事项决策与处理；技术委员会对研究院的发展规划、方针等提出咨询意见，对研究院的科技工作决策、重大技术开发、攻关、改造、引进项目进行调研、论证，提供咨询建议和意见。研究院是研发工作的牵头与组织实施单位，电网工程技术研究主体，负责研究工作策划和制订研究工作计划，下设研究室开展工作。

（3）研究院职能设置。

研究院立足前沿应用基础技术的研发、改造与转化，将集合中国及以巴西为代表的美洲区域优势研发资源，在电网及新能源工程建设技术领域打造四大中心：

①资源信息中心：跟踪、学习和掌握国内外电力能源产业政策、行业发展方向、东道国技术转移政策和法律制度、政府科技补助和扶持规定、科技项目征集和立项情况、电网工程先进前沿技术发展方向、关键和共性技术难题等；联合美洲区域涉电工程中资企业技术创新资源，成立"美洲区域电力能源工程技术创新联盟"，共享信息与技术，为市场开发和技术创新提供信息资源。

②技术研发中心：开展国内外技术标准研究，工程建造各环节先进和前沿技术研究，在建工程关键性和共性技术难题研究，技术创新成果的提炼、总结、申报、推广和应用，知识产权申报、维护和保护等。与国内外高等院校、科研院所、工程设计单位和装备制造厂家开展产学研用技术交流与合作，促进电网工程建造技术的消化、吸收、创新和科技成果的转化、推广与应用。

③检测试验中心：设置工程材料实验室、电控实验室、质量监督检验所，开展工程材料和半成品与成品设备、施工装备和工器具的无损检测、理化性能和电气性能试验；开展工程建造各环节的质量监督技术服务。

④教育培训中心：针对国内外电网工程技术和管理人员开展电网外语培训、电网工程建造技术专业理论知识和现场实践操作技能方面的培训等。

(4) 主要技术研发方向。

研究院根据项目履约和市场营销需求，确立了国内外输变电工程技术体系和工程技术研究、国际电站工程技术体系和工程技术研究、科技成果"三化"研究三大重点技术研发方向，以及产业、科技、资源政策与战略研究的管理创新研究方向。

①国内外输变电工程技术体系和工程技术研究。一是开展国际输电线路工程技术标准体系和差异化课题研究，初步掌握巴西特高压输电线路设计、施工技术标准体系，为输电线路工程建设提供理论基础和指导性文件。二是开展常规条件下输电线路勘测设计和施工课题研究，

结合当地输变电工程建设中的环境保护问题和要求，用建设期全过程控制的观点、技术和方法为输变电工程建设和保护环境服务，初步建立基于环境保护工程和长距离输电线路施工理论的输电线路新型杆塔基础研发与全过程施工技术体系，为常规条件下电网长期安全稳定运行提供保障。三是开展复杂工程条件下输电线路工程建造技术研究，研究热带雨林、山区、丘陵地区斜坡地形、河网沼泽地基、软土地基、岩石地基、风积沙地基、碎石土地基等区域性特殊土地基条件下输电线路工程建造技术体系，为复杂和特殊条件下输电线路工程建设提供技术支持。

②国际电站工程技术体系和工程技术研究。开展燃气、风电、太阳能、生物质能、垃圾电站项目等电站工程标准、设计、施工及调试技术研究，初步形成国际电站工程技术体系，为国际市场开发和项目履约提供理论和技术支持。

③科技成果"三化"研究。深度总结和消化公司依托印度、巴西等电站、电网项目工程经验、管理和技术成果，通过开展"系统化、标准化、产品化"研究，形成系列、成套成果，支持和支撑公司同类项目履约和市场营销。

④产业、科技、资源政策与战略研究。跟踪和掌握国内外电力能源产业政策、行业发展方向、东道国技术转移政策和法律制度、政府科技补助和扶持规定、科技项目征集和立项情况、电力工程先进前沿技术发展方向、关键和共性技术难题、海外研究院建设策略及海外企业发展战略研究等。

4.1.2 典型业务及案例

中国电建以电力类业务为发展核心，坚持工程承包与投资开发"双能驱动"，重点开发水电与水务、火电电网与运维、交通工程、新能源等业务板块。中国电建致力于成为电力和水务行业国际领先、环境和基础设施领域国际一流的开发建造商，切实服务目标国经济社会发展，实现合作共

4 海外研发平台调研案例分析

赢,促进全球和谐。

(1) 水电与水务。

水电与水务业务范围包括水利水电,水务、水资源与环境,市政、工民建、矿山等。公司具有提供从项目规划、勘测、设计到施工、制造、安装等一体化解决方案和全过程服务的行业优势。

> **典型案例**

①水利水电工程。水利水电工程为中国电建国际传统优势行业,技术水平和市场占有率国际领先,业务遍及亚洲、非洲、拉丁美洲等地区的多数国家,在建水利水电项目合同数为706个,签约合同金额为1975亿元人民币。典型项目如图4-1所示。

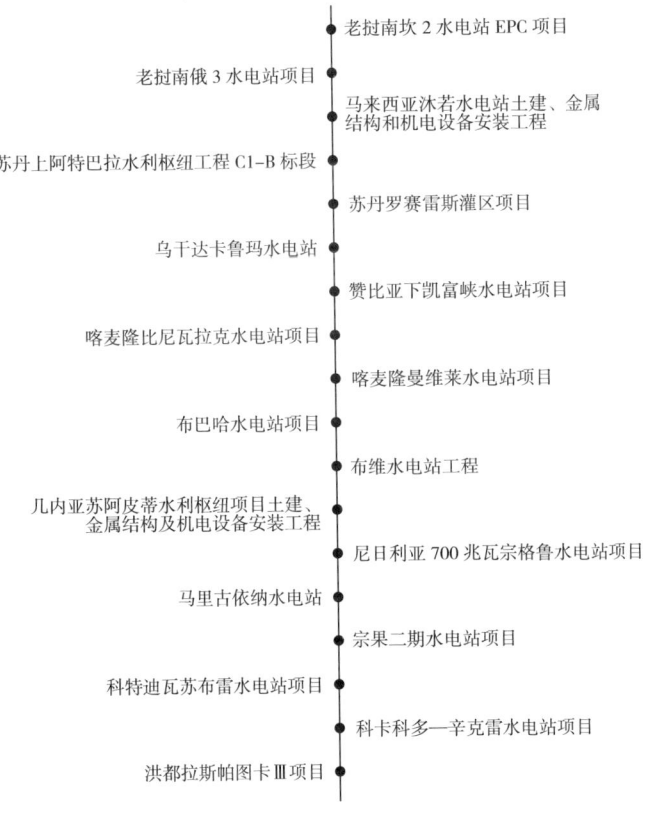

图4-1 中国电建国际水利水电工程典型项目

②水务、水资源与环境工程。水务、水资源与环境工程为中国电建国际业务新的增长点，在建项目合同数为51个，签约合同金额为97亿元人民币。典型项目如图4-2所示。

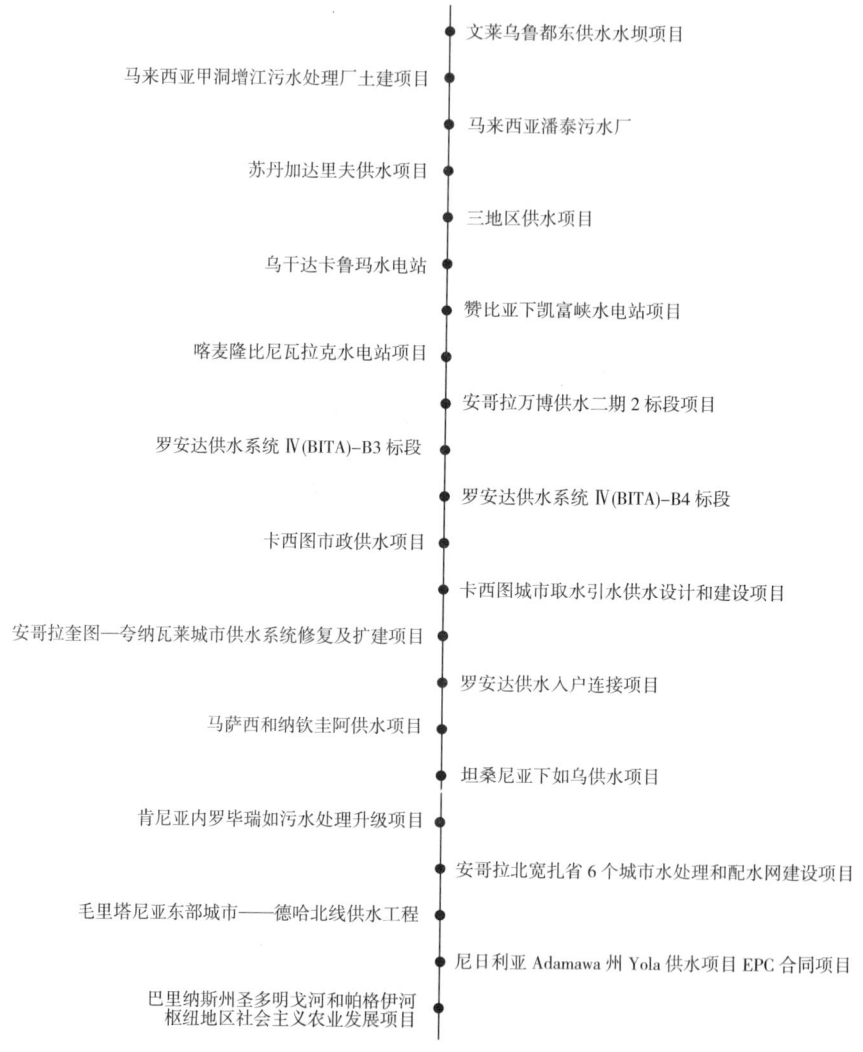

图4-2 中国电建国际水务、水资源与环境工程典型项目

4 海外研发平台调研案例分析

③市政、工民建工程。市政、工民建工程为中国电建的国际传统业务，在建项目合同数为291个，签约合同金额为799亿元人民币。典型项目如图4-3所示。

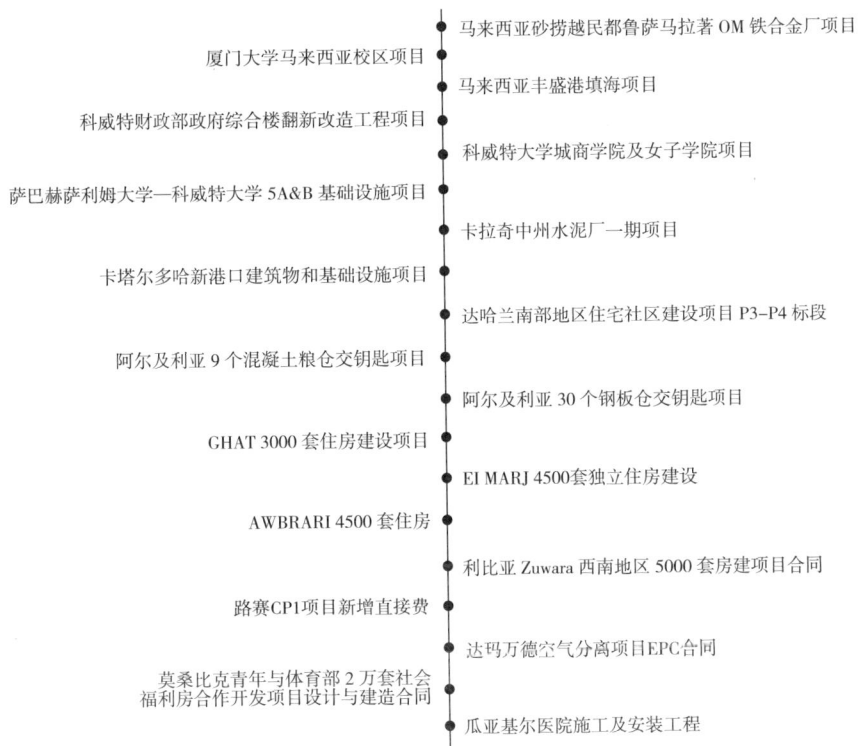

图4-3 中国电建国际市政、工民建工程典型项目

④矿山工程。在建项目合同数为64个，签约合同金额为132亿元人民币。典型项目如图4-4所示。

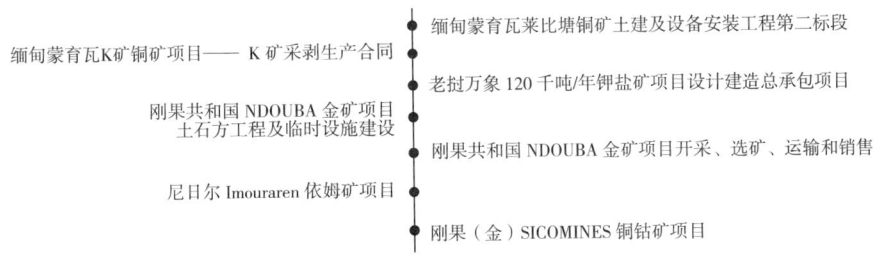

图4-4 中国电建国际矿山工程典型项目

（2）火电电网与运维。

火电电网与运维板块作为中国电建国际业务的重要组成部分，主要业务范围包括燃煤发电、燃气发电、重油发电、内燃机发电、核电、变电站、高中低压电网、油气化工、长输管线及水电、火电、新能源类项目的运维等业务。

在火电领域，中国电建已在全球30多个国家和地区成功实施了百余个项目，实现海外火电装机总容量超过100吉瓦，所实施的项目包含多种项目类型，如超超临界、超临界、亚临界、循环流化床等煤电项目，从H级重型燃机到小型航改机、内燃机的气电项目等，基本覆盖了火电项目的各个类型和等级；同时，火电板块业务的开发模式更加多元，包括IPP、BOT、BOOT、FEPC、EPC、EPC+O&M等多种商业模式，通过多元化商业模式的运用已经成功地在国际市场实施了多个项目，如巴基斯坦卡西姆燃煤电站、津巴布韦旺吉燃煤电站、缅甸皎漂燃气电站项目等。

在电网领域，中国电建具备涵盖规划、设计、采购、建设和调试等环节的全面执行能力，并在行业中扮演着关键角色。截至2021年，中国电建在40多个国家和地区完成了超过200个电网项目，包括约6000千米的330千伏及以上电压等级的输电线路，超过1万千米的230千伏和以下电压等级的线路，约150个变电站以及包括电压等级从370千伏到1000千伏特高压交流系统和±1100千伏特高压直流系统，全面覆盖电网的各个领域。

在运维领域，以水电、燃煤发电、燃气发电、光伏发电、光热发电、风力发电、生物质发电的运维业务为主，具体内容包括电站建设过程中的机组调试、试运行、人员培训，机组投产之后的日常运行、维护、检修、技术升级、备件供应以及相关的技术服务等工作内容。

典型案例

①煤电。

巴基斯坦卡西姆港2×660兆瓦燃煤电站项目。 巴基斯坦卡西姆港2×660兆瓦燃煤电站项目位于巴基斯坦卡拉奇市东南方约37千米处卡西姆港口工业园内,紧邻阿拉伯海沿岸滩涂。卡西姆工程包括电站工程、电站配套的卸煤码头及航道工程,电站设计安装2台660兆瓦超临界机组,总装机容量为132万千瓦,年均发电量约90亿千瓦·时。项目已于2018年4月13日完工。2020年度荣获"中国电力优质工程奖"。如图4-5所示。

图4-5 巴基斯坦卡西姆港2×660兆瓦燃煤电站

津巴布韦旺吉电厂三期扩建项目。津巴布韦旺吉电厂三期扩建项目是在原旺吉燃煤电站的基础上新建7号、8号机组,主要工程内容包括安装2台335兆瓦亚临界燃煤发电机组、配套站房和冷却塔,新增一个20万立方米蓄水池,修建约360千米400千伏输变电线路和4个变电站,以及其他辅助设施。项目已于2018年8月正式开工,目前项目各项工作正有序开展。如图4-6所示。

图4-6 津巴布韦旺吉电厂三期扩建项目

印度KMPCL 6×600兆瓦亚临界燃煤电站EPC总承包项目。该项目是印度KSK能源投资集团通过BOO模式建设的亚临界电站项目,是当时中印之间最大的电站工程，项目斩获印度建筑业发展委员会颁发的"安全、健康、环境成就奖"，荣获印度电力事业委员会"印度电力杰出工程奖"，印度CIDC"最佳建筑工程成就奖"等奖项。如图4-7所示。

图4-7　印度KMPCL 6×600兆瓦亚临界燃煤电站

印度塔尔万迪3×660兆瓦超临界燃煤电站EPC总承包项目。该项目由印度VEDENTA集团投资建设，是印度当时单机容量最大、参数最高的燃煤电站项目。项目于2016年9月投产移交，荣获"印度电力2014年度EPC世界奖"，烟囱建筑物获得印度"杰出混凝土结构特别奖"。如图4-8所示。

图4-8　印度塔尔万迪3×660兆瓦超临界燃煤电站

②气电。

巴基斯坦赫维利燃气电站项目。巴基斯坦赫维利燃气电站项目采用目前世界上最先进的H级燃气轮机，项目总装机1230兆瓦，采用"二拖一"

布局形式。该项目于2015年10月开工建设，于2018年5月正式移交业主投入商业运营。如图4-9所示。

图4-9　巴基斯坦赫维利燃气电站

沙特扎瓦尔燃气电站项目。沙特扎瓦尔燃气电站项目总装机容量为3041兆瓦，包含5组"二拖一"联合循环及2组单循环机组，主机采用西门子SGT6-5000型燃气轮机。该项目于2016年投入商业运行。该项目的成功实施，是中国总承包商第一次真正意义上实现了全球资源的整合，为国际市场合作打开了新局面。如图4-10所示。

图4-10　沙特扎瓦尔燃气电站

沙特吉赞燃气电站项目。沙特吉赞燃气电站项目位于沙特西南部吉赞经济区，项目总装机容量为3850兆瓦，共包含5组"二拖一"联合循环机组，主机采用西门子SGT6-5000型燃气轮机。该项目于2014年开工建设，是全球在建规模最大的石油气化电站项目。如图4-11所示。

图 4-11 沙特吉赞燃气电站

③电网。

巴西美丽山 ±800 千伏输电线路项目。巴西美丽山 ±800 千伏输电线路项目是巴西美丽山水电站（装机容量 1100 万千瓦）的高压直流送出工程，为美洲第一条特高压直流输电线路。本线路可将巴西北部的水电资源直接输送到东南部的负荷中心。项目分两期，包括总长度 4602 千米的 ±800 千伏特高压直流输电线路，总长度为世界第一。如图 4-12 所示。

图 4-12 巴西美丽山 ±800 千伏输电线路项目

安哥拉恩泽托—索约 SK 输变电项目。安哥拉恩泽托—索约 SK 输变电项目包含 4 座 400/220/60 千伏变电站、2 座 60/15 千伏变电站、1 条全长为 324 千米的双回路 400 千伏输电线路、2 条 60 千伏输电线路等。该项目是安哥拉已建最高电压等级、最长输电距离的输变电工程。2018 年荣获"中国建设工程鲁班奖（境外工程）"。如图 4-13 所示。

4 海外研发平台调研案例分析

图4-13 安哥拉恩泽托—索约SK输变电项目

巴西马托格罗索500千伏输变电项目。巴西马托格罗索500千伏输变电是巴西已建成的输电容量最大、输电距离最长的500千伏交流输电工程，是中国在海外投资建设的首个大型输电特许权绿地项目，也是中国在海外建成的最大交流输变电工程，项目荣获国家优质工程金奖（境外工程），是该奖项设立以来获奖的首个海外超高压输电工程。如图4-14所示。

图4-14 巴西马托格罗索500千伏输变电工程

④运维。

老挝东萨宏水电站运维项目。老挝东萨宏水电站位于老挝南部占巴色省孟孔县，是助力老挝成为"东南亚蓄电池"（Battery of Southeast Asia）的关键部分。电站共安装4台单机容量为65兆瓦的灯泡贯流式机组，总装机容量为260兆瓦，是单机容量世界第二大、亚洲最大的灯泡贯流式机组。自2019年投运以来，年发电量达到20亿千瓦·时。如图4-15所示。

图4-15　老挝东萨宏水电站运维项目

巴基斯坦赫维利1230兆瓦燃气联合循环机组运维项目。巴基斯坦赫维利1230兆瓦燃气联合循环机组运维项目自投产以来，机组连续稳定运行，年发电量超过100亿千瓦·时，有效缓解了当地电力供需紧张的问题，提高了当地民众的生活水平，对巩固中巴友谊桥梁，提高中国电建品牌在巴基斯坦市场乃至全球的知名度具有重要意义。如图4-16所示。

图4-16　巴基斯坦赫维利1230兆瓦燃气联合循环机组运维项目

（3）交通工程。

中国电建坚持精工良建、品臻致远，站在水利、电力等建设前沿的同时，积极推进交通领域基础设施的建设和发展。在公路、铁路、城市轨道交通、机场、港口航道等专业领域，中国电建能够提供规划、勘测、设计、施工、建设管理、投资运营一体化解决方案。

中国电建已承建公路里程超 2.3 万千米，其中，海外公路里程 1 万千米。中国电建通过 BT、BOT 等方式投资建设了福建武邵、四川邛名、晋宁至红塔、江津至习水等 9 条近 500 千米高速公路；承建了广东惠州至深圳、克拉玛依至塔城等近 1500 千米高速公路项目，具备大型公路基础设施的投资、设计、建设能力。

中国电建先后参与国家铁路、地方铁路、国际铁路共计 49 个项目的建设，建设里程总长 2000 千米，合同总额超 1000 亿元。特别是自 2008 年以来，公司先后参与京沪高铁、南广、贵广、宁杭、大西、沪昆等高速铁路和客运专线的建设，成为掌握世界领先水平高速铁路技术的企业之一。在海外铁路建设领域，中国电建先后参与了雅万高铁、老中铁路、泰国华富里—北榄坡复线铁路、阿联酋联邦铁路二期、波兰 E75 铁路奇热夫至比亚维斯托克段升级改造项目等 10 条铁路的建设。

中国电建在国内先后参与了深圳、成都、武汉等 10 多个城市的地铁项目投资、建设，在建项目 10 余项，在建里程超 200 千米；完工项目 26 项，完工里程 158 千米。中国电建在海外先后参与了新加坡地铁、泰国大众捷运蓝色延长线、泰国大众捷运绿色线、巴基斯坦拉合尔轨道交通橙色线等多个项目的建设，工程涉及车站、区间、高架、隧道、轨道等方面。

中国电建在孟加拉国、厄瓜多尔、巴基斯坦、毛里塔尼亚、马里等国家实施多个港口航道、疏浚吹填项目，港工疏浚业务居于世界领先水平。

中国电建参建了北京大兴机场、香港机场、上海浦东机场、广州白云机场等 20 多座国内航空港的新建和扩建工程，并参与乌兹别克塔什干、卡塔尔多哈、马里巴科、安哥拉绍里木、肯尼亚焦摩肯亚塔等 10 余座国际机场建设。

典型案例

①公路。

格鲁吉亚科布列季市绕城公路二标段项目。中国电建承建，合同额为 1.29 亿美元。2013 年开工建设，2018 年完工交付。项目全长 17.9 千米，含桥梁 15 座、隧道 2 座。设计时速为 120 千米。如图 4-17 所示。

图4-17 格鲁吉亚科布列季市绕城公路二标段项目

塞尔维亚贝尔格莱德绕城公路项目B段项目。 中国电建承建,合同额为2.54亿美元。2018年开工建设。项目全长20.34千米,含桥梁22座、隧道4座。设计时速为120千米。如图4-18所示。

图4-18 塞尔维亚贝尔格莱德绕城公路项目B段项目

肯尼亚内罗毕—锡卡公路升级改造工程第二标段项目。 东非地区第一条高速公路,中国电建承建,合同额为1.4亿美元。2009年开工建设,2011年完工交付。项目全长14千米。设计时速为120千米。如图4-19所示。

柬埔寨科普奥斯大桥项目。 项目位于柬埔寨王国西南沿海城市西哈努克港,是连接KohPuos海岛与陆地的跨海桥梁,由中国电建承建。2008年开工建设,2011年完工交付。合同额为1800万美元。桥梁全长920米,桥宽12米,最大单跨200米。如图4-20所示。

图4-19　肯尼亚内罗毕—锡卡公路升级改造工程第二标段项目

图4-20　柬埔寨科普奥斯大桥项目

②铁路。

老中铁路项目。项目设计时速为160千米,总长414.3千米,中国电建承建4标与5标共165千米,合同额为58.8亿元。2017年开工建设,建设内容包括路基64.2千米、桥梁19.7千米/56座、隧道81.2千米/29座及车站11座。如图4-21所示。

图4-21　老中铁路项目

雅万高铁项目。项目设计时速为 350 千米,总长 142.2 千米,中国电建承建线下工程 45.8 千米以及全线铺轨,承建合同额总计 76.2 亿元。2018 年开工建设,建设内容包括路基、桥梁 35.9 千米/5 座、隧道 5 千米/4 座、车站 2 座及铺轨 142.2 千米。如图 4-22 所示。

图 4-22 雅万高铁项目

摩洛哥丹肯高速铁路项目。项目总长 200 千米,设计时速为 350 千米,中国电建承建 12.4 千米,承建合同额为 4.3 亿元。2012 年开工建设,2016 年完工交付。建设内容包括土方、结构物和道路恢复等工程。如图 4-23 所示。

图 4-23 摩洛哥丹肯高速铁路项目

③城市轨道交通。

新加坡地铁汤申线 T217 那比雅地铁站及隧道项目。中国电建承建,合同额为 10 亿元。2013 年开工建设,工程内容包含修建 1 座地下民防地铁站及一段双向区间隧道,每条长度约为 800 米。如图 4-24 所示。

新加坡地铁汤东线 T227 那比雅地铁站及隧道项目。中国电建与联营

图 4-24 新加坡地铁汤申线 T217 那比雅地铁站及隧道项目

体承建，合同额为 23.5 亿元。2014 年开工建设，工程内容包括 1 座地下车站、双向 750 米盾构隧道及双向明挖隧道。如图 4-25 所示。

图 4-25 新加坡地铁汤东线 T227 那比雅地铁站及隧道项目

泰国大众捷运蓝色延长线轨道交通项目第 3 标段项目。中国电建承建，合同额为 24.9 亿元。2011 年开工建设，工程内容包括修建总长 11.2 千米的预应力混凝土箱梁高架土建结构、8 个离架车站施工及 1 座跨湄南河桥梁。如图 4-26 所示。

图 4-26 泰国大众捷运蓝色延长线轨道交通项目第 3 标段项目

④港口航道。

孟加拉国帕德玛大桥河道整治项目。中国电建承建,合同额为 11.1 亿美元。2014 年开工建设,主要包括河道疏浚和水上河道防冲刷工程。如图 4-27 所示。

图 4-27 孟加拉国帕德玛大桥河道整治项目

巴基斯坦卡西姆电厂卸煤码头及航道 EPC 及运维项目。中国电建承建,合同额 EPC 部分为 2.38 亿美元,运维部分为 3600 万美元。2015 年开工建设,2017 完工并开始运维。如图 4-28 所示。

图 4-28 巴基斯坦卡西姆电厂卸煤码头及航道 EPC 及运维项目

毛里塔尼亚努瓦迪布矿石新港项目。中国电建承建,合同额为 9707 万美元。2010 年开工建设,2012 年完工交付。如图 4-29 所示。

4 海外研发平台调研案例分析

图 4-29 毛里塔尼亚努瓦迪布矿石新港项目

⑤机场。

中国香港机场 3303 合同第三跑道及附属工程项目。中国电建承建,合同额为 8.08 亿美元。2019 年开工建设,工程内容主要包括新跑道、滑行道、基础设施、辅建筑物以及系统工程等。如图 4-30 所示。

图 4-30 中国香港机场 3303 合同第三跑道及附属工程项目

卡塔尔新多哈国际机场项目。中国电建承建,合同额为 3.79 亿美元。2005 年开工建设,2014 年完工交付。工程内容主要包括跑道、滑行道、停机坪、排水以及灯光系统等。如图 4-31 所示。

沙特沙巴机场跑道项目 PB 总承包。中国电建承建,合同额为 2082 万美元。2018 年开工建设,2019 年完工交付。工程内容主要包括长度约 3048 米、宽度 30 米的机场跑道铺筑,附属设施的翻新以及跑道灯光系统、电缆、电路布置。获得沙特阿美公司 92 分评分赞誉,创下了阿美公司给予所有承包商中历史最高评分纪录。如图 4-32 所示。

图 4-31　卡塔尔新多哈国际机场项目

图 4-32　沙特沙巴机场跑道项目 PB 总承包

马里巴马科—赛努国际机场项目。 中国电建承建，合同额为 7220 万美元。2015 年开工建设，2017 年完工交付。工程内容包括航站楼、机场道路、停车点、供水网络和其他基础设施。如图 4-33 所示。

图 4-33　马里巴马科—赛努国际机场项目

4 海外研发平台调研案例分析

（4）新能源。

中国电建是中国风能资源普查、国家及行业技术标准、规程规范的主要编制修订单位，是全球清洁可再生能源和水利（水务）资源开发建设行业的领先者。经过多年在风能、太阳能、生物质能、分布式能源等新能源发电行业的开发经验沉淀，形成了能够代表国家综合竞争实力的新能源领域完备的技术服务体系、技术标准体系和科技创新体系，具有政府信赖的国家能源战略服务能力和国际领先的高端技术服务能力。

受国家有关部委委托，中国电建承担了国家风能、太阳能等新能源发电的行业规划、技术管理、工程验收、质量监督、标准制定、政策研究和工程技术咨询等工作，还承担着国家可再生能源（水电、风电、潮汐发电）定额站的管理、风电安全设施竣工验收、国家可再生能源发电工程质量监督总站、国家可再生能源信息管理中心等工作，是国家能源局确立的首批16个能源研究咨询基地之一。

中国电建拥有7个国家级水电勘测设计院、10家电力勘测设计企业以及60余家电力工程和设备制造企业，可为国内外新能源企业提供集工程规划、勘测设计、咨询、监理、监测检测、科技研发、工程总承包、工程建设管理、投资运营于一体的综合性全产业链"一站式"服务。

中国电建积极实施"走出去"战略，始终肩负"服务全球能源和基础设施建设、引领行业绿色发展"的使命，致力于打造全球新能源及可再生能源行业领先地位。2020年，中国电建新签海外新能源工程总承包项目总容量为5.98吉瓦，其中，风电为2.64吉瓦、光伏为3.34吉瓦，已成为引领中国企业开展国际新能源承包业务的龙头企业。

中国电建建设完成了埃塞俄比亚阿达玛风电场项目（20.4万千瓦），该项目是用中国技术、中国标准、中国资金、中国设备的第一个海外新能源工程。建设完成了巴基斯坦大沃风电场、撒察尔风电场、塔帕风电场、马斯特风电场等，总计超过50万千瓦；在建风电场项目总计60万千瓦。中国电建已成为巴基斯坦新能源市场的"领头羊"。建设完成摩洛哥努奥太阳能聚热电站二期（20万千瓦）、三期（15万千瓦）工程，该项目是目前世界上建设规模最大的太阳能聚热电站。

中国电建能够整合投资、商贷、互惠贷款、两优贷款、卖货等多种投融资模式为项目服务，熟悉掌握各类金融机构的产品和政策，并与中国进出口银行、中国出口信用保险公司、国家开发银行、亚洲基础设施投资银行等相关方保持长期紧密的合作关系。

中国电建拥有强大的国内外知名设备供应商整合能力。积极与海外知名供应商建立良好的战略合作与伙伴关系，与 GE、英利能源、三一集团、哈电集团、东方电气签署战略合作协议，与 Siemens - Gamesa、Vestas、金风、华锐、明阳、天合光能、保利协鑫、华为等企业建立长期友好合作关系。

推动新能源行业国际市场开发与合作。中国电建积极与中国新能源海外发展联盟、中国可再生能源协会等组织开展活动，引导和带动中国新能源企业抱团"走出去"。中国电建与中国南方电网、中国建材、华能集团、中广核等公司签署战略合作协议，充分发挥各自优势，推进在电力电网设计及工程、可再生能源开发、国际市场开拓、商业信息共享等领域的合作。

开展海外知名设计咨询企业的并购。中国电建控股收购哈萨克斯坦水利设计院，与澳大利亚恩图拉（ENTURA）签署战略合作协议，通过收购境外优质设计咨询企业，发挥各自优势，紧密合作，甄选优质项目，进行可再生能源投资，共同提升投融资能力。

中国电建愿在中国政府引导下积极落实"一带一路"愿景，积极开展国际产能合作，发挥行业龙头企业作用，推动新能源产业"走出去"。中国电建愿意与国内外政府、金融机构、投资商、设备厂家、咨询企业等互利共赢、友好合作，共同开发新能源项目，共同推进社会经济的绿色和可持续发展。

典型案例

①风力。

埃塞俄比亚阿达玛风电项目。 2011 年，中国电建实施了利用中国援外资金开展的境外第一个新能源规划项目即埃塞俄比亚风电和太阳能发电规划项目,并于2012年编制完成了《埃塞俄比亚风电和太阳能发电规划报告》。在规划成果的指导下,中国电建所属水电顾问集团联合中地海外公司与埃塞俄比亚电力公司签订了阿达玛一期51兆瓦风电项目、阿达玛二期153兆瓦风电项目EPC合同。埃塞俄比亚阿达玛风电项目是中国出口海外的第一个中国标准、中国资金、中国设备、中国承包的大型新能源项目,成为东非高原上的璀璨明珠。如图4-34所示。

图4-34 埃塞俄比亚阿达玛风电项目

泰国EA二期风电总承包项目。泰国EA二期风电总承包项目位于泰国中北部Chaiyaphum府,项目总装机容量为257.5兆瓦。该项目总承包合同于2017年9月11日正式签订。工期24个月。该项目是中资企业在泰国承包建设的最大的风电项目,它的成功实施为中国电建拓展泰国及东南亚后续市场奠定了良好的基础,树立了良好的品牌形象。如图4-35所示。

图4-35 泰国EA二期风电总承包项目

巴基斯坦大沃风电项目。巴基斯坦大沃风电项目位于巴基斯坦南部沿海城市卡拉奇东南部,总装机容量为49.5兆瓦。项目由中国水电顾问集团国际工程有限公司和巴基斯坦Dawood集团合资的中水顾问大沃电力有限公司投资开发。项目于2015年3月开工建设,2017年4月运营投产。该项目是中巴两国政府于2014年2月共同制订的"中巴经济走廊建设计划"中14个优先发展项目之一,也是中巴经济走廊中首个完成融资闭合并开工建设的新能源项目。如图4-36所示。

图4-36 巴基斯坦大沃风电项目

②光伏发电。

阿根廷胡胡伊省高查瑞光伏项目。阿根廷胡胡伊省高查瑞光伏项目位于阿根廷西北部胡胡伊省La Puna地区,光伏场址海拔超过4000米,总装机容量为315.9兆瓦。首届"一带一路"国际合作高峰论坛期间,在中阿两国元首的共同见证下,双方签署了该项目合作文件。项目于2018年5月正式开工,2019年8月并网发电。该项目是目前阿根廷最大的光伏项目,也是世界上海拔最高的大型光伏电站。如图4-37所示。

图4-37 阿根廷胡胡伊省高查瑞光伏项目

越南油汀光伏项目。越南油汀光伏项目位于西宁省油汀水库,总装机容量近500兆瓦,分为油汀一标段180兆瓦、油汀二标段240兆瓦和油汀三标段72兆瓦3个独立项目。3个项目于2018年、2019年陆续签订合同并开工建设,2019年6月全部竣工投产。项目紧靠油汀水库,每年水库蓄水期场区绝大部分土地被淹没,是世界最大半沉没式光伏项目。该项目是越南及整个东南亚区域装机规模最大的光伏电站,荣获亚洲能源2019年优质项目奖、2020年中国电力优质工程(境外)奖。如图4-38所示。

图4-38 越南油汀光伏项目

摩洛哥努奥二期、三期太阳能光热发电项目。摩洛哥努奥二期太阳能光热发电项目,总装机容量为200兆瓦,采用抛物线槽式太阳能聚热发电技术。该项目荣获2019年度中国境外可持续基础设施项目、2020年度中国电力优质工程(境外)奖,并荣获摩洛哥政府颁发的"社会贡献奖"和"经济就业促进奖"。摩洛哥努奥三期太阳能光热发电项目,总装机容量为150兆瓦,是世界上单机容量最大的塔式太阳能聚热电站。该项目荣获2019年度中国境外可持续基础设施项目、2020年度中国电力优质工程(境外)奖,并荣获摩洛哥政府颁发的"社会贡献奖"和"经济就业促进奖"。如图4-39所示。

③生物质发电。

越南芹苴垃圾发电项目。越南芹苴垃圾发电项目位于越南芹苴市,距离胡志明市约170千米。芹苴项目设计日处理生活垃圾400吨,配置1台7.5兆瓦的汽轮发电机组。该项目于2017年6月30日正式开工建设,2018

图4-39 摩洛哥努奥二期、三期太阳能光热发电项目

年5月25日钢炉整体水压试验合格,2018年10月14日冲转汽轮机成功,2018年10月31日并网发电,共历时16个月。芹苴项目是越南第一个生活垃圾焚烧发电项目,也是中国电建在海外的第一个生活垃圾焚烧发电项目,此项目的成功签约与实施为中国电建在越南以及在垃圾焚烧发电领域的市场开发奠定了坚实基础。如图4-40所示。

图4-40 越南芹苴垃圾发电项目

古巴西罗雷东多1×60兆瓦生物质电站工程。古巴西罗雷东多1×60兆瓦生物质电站工程项目业主——BIOPOWER S.A为一家英国在古巴成立的公司。该生物质电站有2×120吨/时高温高压炉排炉、1×60兆瓦级抽汽凝汽式汽轮发电机组,项目主要是在古巴谢戈德阿维拉省西罗雷东多的糖厂隔壁建设一个生物质电站,向糖厂供应电能和水蒸气,同时将电站剩余电力出售给电网。如图4-41所示。

图4-41 古巴西罗雷东多1×60兆瓦生物质电站工程

(5) 投资业务。

中国电建坚持"带动力、控制力、影响力"导向，遵循国际惯例、债务可控和投资收益性原则，以可持续发展理念优选项目，聚焦于新能源、水务环保、交通基础设施领域稳妥开展境外投资；积极探索多种退出模式；广泛与多边金融机构、国内外财务投资人及产业投资人合作，共同开发境外项目。稳妥推进境外投资与特许经营业务，实现"投建营一体化"。

中国电建积极响应"一带一路"倡议，聚焦于电力投资，积极稳健探索投资多元化，投资业绩有力地支撑着中国电建的快速发展和转型。在境外13个国家和地区实施投资项目27个，总投资额为741.06亿元，累计完成投资额559.46亿元。其中，电力行业投资项目17个，项目总投资额545.06亿元，占比73.55%，总装机容量6388兆瓦；交通行业投资项目3个，总投资额77.06亿元，占比10.40%；矿产行业投资项目3个，总投资额107.45亿元，占比14.50%；并购类项目4个，总投资额11.49亿元，占比1.55%。

在投资模式方面进行不断的探索实践，引领行业发展。搭建了较为完善的、可操作性强的境外投资管理体系。集团公司全面建立12项涉及投资全生命周期的管理制度，境外投资团队在同类央企中位居前列。

其中，代表性项目包括：肯尼亚年金公路开创了3个第一。肯尼亚年金公路项目是集团公司第一个海外控股的特许经营公路项目、第一个海外赤道原则项目、第一个在撒哈拉以南非洲完成的有限追索融资的公路投资项目。旺吉燃煤电站项目开创了优买贷款投资模式，成功投资津巴布韦最大基础设施项目。孟加拉国达卡机场高架快速路项目是小比例投资实现控制权的典范，并展开了多项模式创新，是孟加拉国第一个基础设施类BOT项目，也是中国电建第一个海外公路BOT项目。该项目是中信保第一个承保海投险的境外公路PPP项目。印度尼西亚北苏三项目开拓性地实施了有限追索的项目融资。卡西姆燃煤电站项目是与卡塔尔王室基金共同投资的"中巴经济走廊"首批优先实施项目和首个落地的能源类项目。牧牛山风电项目是进入发达国家利用"项目融资"的可再生能源投资项目。

典型案例

巴基斯坦卡西姆港2×660兆瓦燃煤电站项目。 卡西姆港2×660兆瓦燃煤电站项目位于卡拉奇市东南方约37千米处卡西姆港口工业园内，紧邻阿拉伯海沿岸滩涂。电厂采用2台660兆瓦超临界机组，进口燃煤，采用轮船运输、码头卸煤方式，灰渣用汽车运输。机组拟采用海水二次环流冷却和海水淡化补水，采用石灰石—石膏湿法脱硫，满足当地和世界银行环境保护标准。电力出线以500千伏交流并网。工程建设期为36个月，项目总投资额约20.85亿美元，年平均发电量约90亿千瓦·时。如图4-42所示。

图4-42 巴基斯坦卡西姆港2×660兆瓦燃煤电站项目

尼泊尔上马相迪A水电站项目。 上马相迪A水电站项目是中资企业在尼泊尔投资的第一个电站项目，总投资额约1.659亿美元，特许期35年（含建设期）。该项目坐落于尼泊尔西部马相迪河上，距离首都加德满都约180千米，是一座径流式水电站。电站总装机容量2×2.5万千瓦。该项目于2013年8月1日开工，2017年1月1日完工。电站投产发电后，每年为尼泊尔提供约 3.17 亿千瓦·时的电量。如图 4-43 所示。

图 4-43 尼泊尔上马相迪 A 水电站项目

老挝南欧江梯级电站项目。南欧江梯级电站项目是中国电建践行"一带一路"倡议,在海外首个以全流域整体规划和 BOT 投资开发的项目。项目按"一库七级"分两期进行开发,总装机容量为 1272 兆瓦,多年平均发电量 50 亿千瓦·时,特许经营期为 29 年。南欧江一期二级、五级、六级电站已于 2016 年 5 月全部投产发电,2017 年 1 月 1 日进入商业运营期,截至 2020 年 10 月 20 日累计发电 55.74 亿千瓦·时。二期一级、三级、四级、七级电站于 2016 年 4 月 8 日正式开工,2019 年 12 月 26 日首机并网发电。如图 4-44 所示。

图 4-44 老挝南欧江梯级电站项目

巴基斯坦大沃风电项目。大沃风电项目位于巴基斯坦卡拉奇市以东 70 千米的 Gharo 地区,占地 1720 英亩①,属于海边滩涂风电场。项目安装 33

---

① 1 英亩≈4046.86 平方米。

台明阳 1.5 兆瓦 -82 型风机，总装机容量为 4.95 万千瓦，设计年发电量为 1.3 亿千瓦·时。项目总投资 1.15 亿美元，是中巴经济走廊 14 个优先发展的能源项目之一。如图 4-45 所示。

图 4-45　巴基斯坦大沃风电项目

津巴布韦旺吉燃煤电站项目。津巴布韦旺吉燃煤电站项目位于距离津巴布韦首都哈拉雷 485 千米的旺吉镇，是中国电建在非洲的首个"投建营一体化"项目。该项目于 2014 年 10 月签订 EPC 合同，2018 年 8 月正式开工，工期 42 个月，合同额为 11.7 亿美元，由中国电建核电工程有限公司作为被委托方实施。项目建成后将为津巴布韦提供 50% 的电力需求。该项目也是我国政府在海外推行"投建营一体化"的首个优惠买方信贷项目，项目充分体现了参股投资拉动工程承包的示范性。如图 4-46 所示。

图 4-46　津巴布韦旺吉燃煤电站项目

越南油汀光伏项目。油汀光伏项目位于越南西宁省油汀水库，项目占地面积约为 550 公顷。总装机容量近 500 兆瓦，于 2018 年 7 月 17 日开工，2019 年 6 月 16 日全部并网发电，项目工程动态总投资额约为 4.6 亿美元。该项目同时实现了远期跟单信用证福费廷和特险项下应收账款无追索买断两种延付模式的融资。该项目作为中资企业在海外签约的最大光伏 EPC 合同，2020 年荣获 2020 年度中国电力优质工程奖。如图 4-47 所示。

图 4-47　越南油汀光伏项目

4.2　同类企业海外研发平台建设类型

4.2.1　项目型

这种建设类型主要是针对企业海外研发平台国际化水平不高但依然习惯于相对集中的创新活动而形成的。在海外设立的海外研发平台主要起到一个桥梁作用，加强企业与属地国之间的联络，方便沟通。对于采用这类组织模式的创新机构研发平台而言，是否能够在海外开展成功的研发活动并不是最重要的内容，重要的是能够通过海外研发平台获取到海外一些现有的技术、研发成果或者得到来自海外的创新思想。

◎ **典型案例**

（1）中国中车公司澳大利亚研究院（中心）。

2017 年 7 月，中车长客澳大利亚研发中心在墨尔本市成立。新成立的轨道车辆工程研究中心作为中车长客股份公司建立的境外研发中心，将为亚太区域的项目提供技术支持，解决轨道车辆在设计、制造和维护方面的工程技术挑战，同时将成为中车长客股份在澳大利亚境内的轨道车辆行业的运行中心。

澳大利亚研究院（中心）的成立，标志着中国中车在澳大利亚的实力显著增强，为与当地合作伙伴和客户进行深度合作铺平了道路。中国中车的技术和最佳实践能力，确保了当地的合作企业能够应对瞬息万变的世界所面临的交通挑战和机遇。轨道车辆工程研究中心的成立，进一步巩固了中国中车作为轨道车辆行业领导者的地位。

中车长客股份公司每年生产8000多辆包括高铁、铁路客车及城铁在内的轨道客车，并且具有覆盖全系列轨道车辆产品的研发能力。在美国波士顿和洛杉矶，该公司正在通过与当地制造企业深度合作，支持当地轨道交通发展，分享中国经验，输出中国技术。此番在澳大利亚建立亚太总部，公司也将与维多利亚州的供应商共同致力于为当地民众出行提供最佳的解决方案。

（2）中国中车山东风电丹麦代表处。

中国中车丹麦风电技术研发中心于2016年在丹麦注册成立，在丹麦技术大学可再生能源实验室Risø设有办公室。成立研发中心的目的主要是通过丹麦风能研发优势资源联合研发项目，完善适应中车山东风电发展的科技创新体系。

中车山东风电常驻丹麦代表机构在丹麦境内从事非直接经营活动，可以代表中车山东风电进行业务范围内的联络、产品推广、市场调研、技术交流等业务活动。

研发中心主要负责推动与丹麦技术大学以及其他科研、咨询机构等研发项目合作，合作方式采用与丹麦技术大学联合申请项目，做联合课题，或者是通过中车山东风电立项，派驻工程师参与到项目中，提升自身的技术水平，最大化利用全球优势科技资源。

4.2.2 平台型

在这种结构下，海外研发平台的职能不再仅仅是进行技术搜索与联络，还要在当地设立实体研发平台，雇用中方和外方研发人员进行研发。

海外研发平台承担将公司技术向海外转移或围绕子公司所服务的市场进行产品开发的任务。

◉ 典型案例

（1）中国国家电网公司—葡萄牙能源网公司能源研究中心。

2013年6月7日，国家电网公司与葡萄牙国家能源网公司（REN）在里斯本正式启动国家电网公司—葡萄牙能源网公司能源研究中心，并签署了《风电咨询服务协议》。

国家电网公司—葡萄牙能源网公司能源研究中心是公司在海外成立的首个技术研发中心，由中国电科院与REN公司共同出资设立，重点开展电力系统仿真和分析、可再生能源管理、智能电网技术、能源市场等领域的研究以及咨询服务。研发中心依托公司在特高压、智能电网等领域的领先优势，借助欧洲当地高端电力技术人才，力求创新一批有市场应用价值的电网技术知识产权。

针对公司风电发展迅猛的特点和风光储电站运行的实际需求，结合REN公司在新能源发电并网辅助服务、风电并网技术规范以及提升电网大规模风电接纳能力等技术优势，经公司批准，由国网冀北电力有限公司委托REN公司开展咨询研究，REN公司将借助自身丰富的经验为国网冀北公司提供风电咨询服务，并推动相关领域技术交流。

上述两项工作是继公司入股REN公司之后，落实双方签署的《框架合作协议》的又一实质性举措，对于扩大两公司全方位合作，实现优势互补、合作共赢具有十分重要的意义，也为不断提升中葡两国经贸合作水平作出了贡献。

（2）中国中车—南非轨道交通技术联合研发中心。

中国中车—南非轨道交通技术联合研发中心成立于2018年11月。联合研发中心依托中车株机公司建设与运行，面向轨道交通装备创新发展需要，以科研项目为主要载体，重点开展轨道交通装备技术研究、技术支持、技术转化等工作，兼顾国际化人才引进和培养，组织国际技术合作和交流。

联合研发中心的成立将为中国中车与南非各研究机构、高校、企业技术交流和合作搭建新的平台，推动"产学研用"多方深度融合，开辟一个优势互补、开放共享、协作共赢的新局面。

近年来，中国中车积极构建"开放、协同、一体化、全球布局"的科技创新体系，已经在美国、德国、英国、瑞典、捷克、以色列、俄罗斯、土耳其等国家成立了14家海外研发中心。南非是中国中车国际化布局之一，对中车未来国际化战略具有重要意义。

中国中车服务南非市场多年，在轨道交通领域已有多个合作项目。2012年以来，中国中车先后在南非中标电力机车、内燃机车订单，研制的机车产品助推了南非铁路货物运输能力升级。

中国中车在南非积极实行"五本模式"，即"本地化制造、本地化用工、本地化采购、本地化维保、本地化管理"，不仅实现了产品输出，还实现了技术、资本、管理和服务的综合输出；不仅实现了整车产品技术输出，还实现了"整车+核心部件"全产业链输出，在南非建立了先进的轨道交通制造基地，促进了当地就业和经济发展。

（3）中国交建集团南亚区域研发中心。

2018年8月29日，中国交建集团南亚区域研发中心在斯里兰卡揭牌。海外区域研发中心的建设完善了中国交建技术创新体系，南亚区域研发中心的成立，为公司南亚区域内市场的经营和工程建设提供技术支撑，提升企业竞争力。中心搭建"产学研用"的创新平台，促进技术成果的转化与融合，打造政府间开展国际科技创新合作与交流的平台，成为国际化高层次人才培养的基地。

研发中心敢于面对挑战，成为攻克南亚区域技术难点并掌握相关专利技术的引领者；建立技术应用研究的有效工作机制和高端技术服务机制，为扩展该区域基础设施建设领域提供强有力的支撑。

4.2.3 融合型

融合型集合了平台型和项目型的共同特征，既为取得重要研究资源与技术资讯，开发关键性技术与策略性平台产品，强化技术创新的全球竞争力提供支持,又为满足海外市场需求而到当地设立与技术支援、产品改良相关的研发单位,或为满足生产需求在海外制造基地设立与技术转移、过程创新相关的研发单位提供支持。

典型案例

(1) 徐工巴西制造有限公司。

徐工巴西制造有限公司(以下简称徐工巴西)是徐工集团工程机械股份有限公司国际化发展进程中的第一个全资生产基地,基地位于巴西米纳斯州包索市,于2012年12月奠基,历时18个月,2014年6月6日正式竣工投产。

徐工巴西基地占地面积80万平方米,一期项目总投资2亿美元,建筑面积约14万平方米,共购置高精尖设备约250台,专用工装变位机工位器具等约600台(套)。建设了4座主要生产厂房及十几处生产辅助设施,具备从零部件下料、成型,到结构件拼焊、机加工,再到整机的装配,最终涂装的整机全套的生产条件。形成了起重机、挖掘机、装载机、轧路机、平地机等主营工程机械产品7000台的年生产能力。

徐工集团在巴西成立了研发中心,该中心整合了徐工研究院、各大事业部的技术资源,背后拥有强大的基础研究、应用研究、检测与实验研究中心,为徐工巴西提供了强大的科研支持和技术支撑,以更好地研发出适应巴西市场的产品,为客户带来更大的价值和增值服务。巴西和美洲市场是徐工国际化拓展的重中之重。徐工巴西以"做强巴西,辐射拉美"为营销战略指导思想,通过全方位提升营销渠道、售后服务、备件供应、营销策划和信用融资5个核心要素,提高市场占有率和产品美誉度。

"担大任、行大道、成大器"的徐工核心价值观植根巴西。"诚信、尊重、创新、奋斗"的文化精髓在地球另一端继续传承,"永不懈怠、勇攀高峰、勇争第一"的精神推动着徐工巴西坚定不移地向着国际化、世界顶级目标迈进。

(2) 中埃高性能玻璃纤维及复合材料联合国家实验室。

巨石玻璃纤维浙江省国际科技合作基地积极响应国家"一带一路"科

技创新行动计划,与埃及国家研究中心于2018年1月23日在埃及苏伊士签约,共建国际联合实验室。

该基地依托单位为位于桐乡经济开发区的巨石集团有限公司,该公司是全球最大的玻璃纤维制造商,是"全国首批制造业单项冠军示范企业""国家技术创新示范企业""国家创新型试点企业""国家高新技术企业",独立申报并获得2016年国家科技进步奖二等奖。

该基地先后承担过多项省级国际科技合作项目,在与德国、捷克、美国等国企业合作研发的基础上,通过自主创新掌握国际领先的玻纤配方、池窑纯氧燃烧、大型短切毡机组等核心技术,申请美、日、欧等国际发明专利74项,已授权10项。

2014年,巨石集团在埃及投资设立20万吨池窑拉丝生产基地和技术中心,采用了世界上最先进的超大型玻璃纤维池窑生产技术,是国内目前在埃及投资金额最大、技术装备最先进、建设速度最快的项目,填补了整个中东和北非地区玻璃纤维制造业的空白。

其中,埃及技术中心研发场地面积达1160平方米,配置X荧光光谱仪、红外碳硫仪等合计超过800万元的先进仪器设备,主要开展玻璃纤维在沙漠地带的本土化技术研究,并为巨石埃及工厂培养本土专业技术人才,开创了国内玻纤企业在海外设立研发机构的先河。

在与埃及国家研究中心、苏伊士大学、开罗大学、中央冶金研究院、石油研究中心等多家当地高校和科研机构交流合作的基础上,巨石玻璃纤维浙江省国际科技合作基地与埃及国家研究中心正式商定在埃及合作共建中埃高性能玻璃纤维及复合材料联合国家实验室,主要针对玻璃纤维及复合材料领域的重大关键技术进行合作研究开发,并积极开展玻纤标准埃及落地、技术交流、人才培养和对外检测技术服务等工作,同时得到了埃及高教部和工贸部的积极支持。

(3) 国网全球能源互联网欧洲研究院。

全球能源互联网研究院前身为国网智能电网研究院,2016年2月,经国家工商总局核准,更名为"全球能源互联网研究院",是国家电网公司直属科研单位、国内首家专业从事全球能源互联网关键技术和设备开发的高端研发机构。

全球能源互联网欧洲研究院自成立以来，紧紧围绕国家电网公司党组关于加快海外研究院建设的战略部署，全面落实全球能源互联网研究院各项要求，以推动构建全球能源互联网为使命，秉承"创业、创新、创造"的宗旨，扎实开展工作，取得了显著成效，对外合作基础逐步夯实。

目前，全球能源互联网欧洲研究院与亥姆霍兹联合会等16家著名研究机构，慕尼黑工大等20多家知名高校，国际能源署、德国教研部、德国经济部、国际电工组织、意昂集团、莱茵集团等40个政府部门、协会组织、相关企业建立了常态联系，成功加入2个研究联盟，促成各类战略合作意向3项，与相关方开展会谈80余次。初步建立起覆盖信息收集、交流学习、业务合作和咨询服务等全方位、立体式工作网络。

全球能源互联网欧洲研究院认真贯彻公司管理要求，结合德国当地法律法规，强化管理创新，对该研究院组织架构、人财物集约管控和人才队伍建设等方面进行了顶层设计：以公司通用制度为框架，建立了完善的制度体系和工作规范；建立健全了项目申报、立项、实施、验收全过程管控机制；加大项目经费管控力度，严格执行预算管理和财务双签制度；加大人才引进力度，硕士以上学历人员占100%，科研人员占总人数的70%以上，员工队伍素质整体较高；形成"三三三"（1/3国内外派、1/3海外华人、1/3外国人）的人才格局，实现了文化融合，营造了良好的工作氛围。

(4) 中国建材集团—德国SINOI公司。

2007年4月2日，中国建材集团全资收购德国NOI公司成立的SINOI公司正式开工。SINOI公司是中国大陆第一家、中国第三家在德国图林根州投资的企业，是风能利用研发与制造的高科技公司，致力于将德国的技术优势与中国的成本和市场优势结合起来，在技术、生产方面实现优势资源互补，使新能源事业快速成长，并成为中国最大的风电叶片供应商。

2005年，中国建材所属中国复合材料集团有限公司正式进军风电产业领域，从欧洲第二大风力机叶片生产企业德国NOI公司成套引进了1.5兆瓦大型风力发电机风轮叶片的生产技术和关键设备，在江苏省连云港市打造国内最大的风力机叶片工业园，并率先在国内实现1.5兆瓦风力机叶片的产业化生产，率先成为具备兆瓦级风力发电机风轮叶片批量生产能力的国内制造商。2006年4月，中国第一只国产单机功率最大、国产单片最长，也是第一只通过德国船级社设计认证的国产1.5兆瓦风力机叶片，在连云港中复连众公司成功下线，并在山东威海投入使用，运行良好。2007年年初，中国建材全资收购德国NOI公司成立了SINOI公司，继续从事风力发电机叶片的制造和销售，计划年产100套2兆瓦风力机叶片，为欧洲主机商提供配套叶片，满足欧洲市场需求。

4.3 海外发展主要建设模式研究

企业进入海外模式主要有两大类：非股权模式和股权模式。非股权模式主要是出口，股权模式分为合资和全资（绿地投资和兼并收购）。绿地投资是指跨国公司等投资主体在东道国境内从零开始新建生产和办公设施，所以又叫新建投资；兼并收购则是收购当地企业的股份，从而达到进入当地市场的目的，如字节跳动收购musical.ly。成立合资公司主要是指跨国公司和当地企业共同出资成立企业。

从资金构成和投资形式两个维度，可以划分为4种：独资新建、合资新建、独资并购、合资并购。

4.3.1 独资新建

独资新建，即单个企业独自在东道国投资建立新的研发中心。独资新建的优点是企业对海外研发中心的控制力强；缺点是资金占用量大，在东道国缺乏关系网络，缺少信息来源。近年来，我国技术能力较强的大企业经常选择独资新建方式，如徐工巴西制造有限公司、中国中车公司澳大利亚研究院（中心）、中国交建集团南亚区域研发中心、国网全球能源互联网欧洲研究院。采用这种方式主要是为了增强对海外研发中心的控制，防止技术外溢。如果企业建立海外研发中心的定位是收集竞争对手研发动向的窗口，这种方式比较适合。而对于技术能力不强、渴望在东道国学习技术知识的企业，采用这种方式将面临巨大的挑战。特别是对于初次在东道国进行投资的企业，会花费大量时间在摸索、适应陌生的制度环境上，导致很高的不确定性风险；难以招募到优秀的专业技术人员，从而难以获得创新过程中的隐性知识。独资新建的研发机构很难与当地其他机构建立联系，嵌入当地的创新系统，所以从在东道国学习知识、学习技术的方面来看，独资新建的研发中心在初期会面临非常严峻的考验。

4.3.2 合资新建

合资新建，即多家企业合作在东道国投资建立研发中心。在这种方式下，企业一般会寻找当地合作者。这样既可以学习合作伙伴的先进技术，又可以通过合作伙伴的帮助适应东道国的外部环境，如中国国家电网公司—葡萄牙能源网公司能源研究中心。这种方式的主要困难是，寻找条件适合又有意向的当地合作者会花费企业大量的时间和精力。目前，我国企业通过合资新建的方式设立海外研发中心的实例较少，这不仅与我国企业资金实力比较雄厚有关，更重要的是企业对这种方式缺乏足够的认识和理解。其实，对于大多数中国企业来说，采用合资新建的方式是较为理想的。这种方式使企业能够在当地合作伙伴的帮助下快速适应东道国的制度和文化环境，利用合作者的渠道构建关系网络，帮助企业在海外打开局面；同时，企业能够学习到合作伙伴的先进技术。在此方面，20世纪90年代许多日本企业在美国的投资项目便是成功典范，它们通过合资新建的方式，获得了美国大量的高新技术。

4.3.3 独资并购

独资并购，即单个企业独自完成对东道国目标企业的并购。独资并购的优点是目标明确、周期短、见效快，企业可直接获得被并购企业的研发设施、专利、技术和优秀技术人员，并且能够依托被并购方原有的关系网络嵌入东道国的创新系统。独资并购的缺点是资金占用量大，并购后的整合过程复杂，有可能导致被并购企业的优秀技术人员流失；一些并购需要东道国政府的批准，不确定性因素较多。独资并购是近些年中国企业较为普遍采用的一种设立海外研发中心的方式。在采用独资并购方式来构建海外研发中心方面，中国企业与欧美企业选取的并购目标差别很大。欧美企业选取的大多是技术型小企业；中国企业在海外并购的多是昔日的国际巨头，典型案例就是联想在并购 IBM PC 业务中获得了位于美国北卡罗来纳州的罗利研发中心和位于日本横滨的大和研发中心，这两个海外研发中心为联想提供了有力的技术支持。在目前技术水平较低的阶段，我国企业选择独资并购海外大企业的研发机构有其合理性，但随着我国企业自身技术水平的提高，并购目标有必要从大企业向技术创新能力强的小企业转移。

4.3.4 合资并购

合资并购，即多家企业合作完成对东道国目标企业的并购。有明确并购意向但资金不足的企业通常会采用这种方式。这种方式的优点是可以与合作伙伴分担风险；缺点是合作双方在控制权上容易产生矛盾，并购后整合困难。此外，与独资并购一样，合资并购也可能受到东道国政府的干预。

在上述 4 种方式中，合资并购是中国企业采用最少的方式，因为虽然短期内可以减轻财务压力，但是企业对海外研发中心的控制力弱，技术控制难度高，长期来看，得不偿失。

合生元成立于 1999 年，是一家中国本土的生产及销售婴幼儿用品的公司。公司最初以研制益生菌起家，2006 年开始研发奶粉配方，2008 年推出奶粉产品。到 2013 年，合生元已成长为一家成熟的乳制品公司；同年，合生元开始了其海外战略中的重要一步，与其法国供应商、著名乳制品生产商 ISM（Isigny Sainte Mère）签订了有关股权投资与融资的框架协议。2016 年，合生元出资 3.11 亿澳元收购 Swisse 17% 的股份。协议规定在完成此次收购后，合生元 100% 控股 Swisse。

企业全球化到底选择哪种进入方式，主要取决于各种方式与企业战略的匹配度以及各种方式的成本与风险。

企业全球化经营的成本不仅包括高昂的资金成本，还有管理成本、沟通成本以及应对文化风险、政策风险等的成本。所以，在决定全球化经营之前，一定要对投入和产出有合理的预估。例如，如果企业只是销售一般商品或者购买原材料，出于节约成本的考虑，无须高额投资在海外成立企业主体，直接向海外销售或采购即可。

企业在决定全球化经营之前，必须考虑清楚自身的战略规划。全球化经营只是一个实现企业战略的途径，而非目的。确定全球化经营后，还要对企业的资源进行盘点，看现有资源是否能支撑全球化经营。这里的资源包括资金实力和人员储备，也包括管理能力、研发能力等组织软实力。对存在的短板，要及时补齐。只有在自身资源允许的前提下，进行海外投资才是明智的选择。

5 企业海外研发平台建设方案研究

5.1 企业海外投资研发面临的问题

5.1.1 国内电力行业的形势

2014—2020年,"一带一路"沿线的非OECD国家的年均电力投资总额均为2460.9亿欧元,是同一时期我国电力投资总额的127.8%。随着全球电力需求增速放缓以及绿色环保主题的兴起,全球电源结构正经历前所未有的调整,以气电为代表的清洁能源迅速崛起,新能源应用迎来爆发期。中国2017年的火力发电投资下降了25%,新能源是主要投资动力。对于国内优秀的电力企业来说,关注国际市场上新能源方向的投资,是未来发展的必经之路。同时,中国企业面临的一大问题是技术模式单一,生物质能发电、潮汐能等先进发电方式在欧洲得到开发,而中国仍更多局限在风电和光伏,这在未来难以为继。欠发达经济体产业结构逐渐升级,将成为全球经济发展的新动力,其对电力的需求也将保持高速增长,经济的快速发展必将带动基础设施,尤其是电力行业的发展。

在国际合作中,即便是发展中国家和地区,由于产品偏好,人们大多认为欧美产品质量更高,而中国产品更有吸引力。国际标准化是产品质量性能可信的唯一条件,截至2018年,我国产品国际标准采标率为85.47%。只有采用了国际化标准,才能赢得国际社会对质量性能的认可。同时,企业也应积极主导、参与国际化新标准的制定,以扩大自身的影响力。

5.1.2 人才需求

中国企业要想"走出去",人才是非常关键的因素。《中国企业海外形象调查报告2015"一带一路"版》显示,受访国有企业总体面临的人才挑战集中在"质"而非"量"上,66%的企业表示难以找到高级别的人才,40%的企业寻找特殊技能人才困难并且在吸引人才时薪酬福利竞争力不足。但在海外拓展时,中国企业所面临的人才挑战有所不同,对于海外市场的双向陌生导致36%的企业缺乏找到合适候选人的渠道,同时有34%的企业目前还不具备全球范围内的雇主品牌来吸引国际人才。

国有企业海外人才本地化才刚起步,72%拥有海外业务的受访中国企业表示,海外机构的员工主要从中国外派,另外28%则主要采用海外招聘的方式;而且其中过半数的企业(68%)将招聘的决策权划归于中国总部。全球化的跨国企业不仅业务遍布全球,并且与本地市场深度融合,特别是人才方面。在中国企业走向海外的过程中,人才的多元化和本地化是一个必然的趋势,也是目前尚且不足的地方。

5.1.3 融资渠道

在当前的国际政治经济环境下,许多国外业主,尤其是第三世界国家,基于财政压力,对中国"走出去"企业的需求不再仅仅是EPC总承包商,而是希望中国企业作为投资方,带资承建海外项目,并与国外政府或业主组成合资公司,依靠投资回报获取收益(如BOT、PPP等)。

按照我国现行的规定,海外投资主体的资本金部分(通常为30%)须为投资企业的自有资金,不能采用银行借款进行投资,换言之,也不能完全依赖贷款进行海外投资。余下的70%投资额允许贷款。我国政府为了鼓励企业"走出去",这部分贷款的利率相当优惠。

资本金的来源主要有:①企业的自有资金,包括注册资本、历史利润沉淀的现金流等。②引入战略投资人,如投资银行与企业共同参与海外投资,前期帮助企业分担资本金的出资压力,后期帮助企业运作上市。投行与企业各自发挥优势。③发行债券。

投资融资的主要来源：①向境内银行申请境外投资贷款。②境外发行美元债券。美元发债首先要在中国香港特别行政区注册公司，发债准备周期4~6个月，需要有实力的母公司提供担保，发债获得的资金是不允许转到国内的。境外发行美元债券通常需要国际评级，在担保结构下，债券评级将与担保人评级相同。该结构的发行前提是从国家外汇管理局获得境外担保额度，根据国家外汇管理局现行规定（汇发〔2011〕30号），应向国家外汇管理局提交"境内机构提供对外担保核准申请"。境内母公司在向国家外汇管理局提出申请之前，其境外资金用途须获得国家发展改革委的项目审批，方可对境外债务进行担保。③境外发行人民币债券。具体参见：《国家发展改革委关于境内非金融机构赴香港特别行政区发行人民币债券有关事项的通知》（发改外资〔2012〕1162号）。④内保外贷。内保外贷指由企业内部的总公司给银行提供担保，银行在外部给企业解决贷款问题的一种融资方式。担保形式为：在额度内，由境内的银行开出保函或备用信用证为境内企业的境外公司提供融资担保，无须逐笔审批。和以往的资性担保相比，这种形式大大缩短了业务流程。"内保"就是境内企业向境内分行申请开立担保函，由境内分行出具融资性担保函给离岸中心；"外贷"即离岸中心凭收到的担保函向境外企业发放贷款。⑤内保外债。内保外债指借助银行自身的评级为企业提供融资，其特点是资金到位快，成本相对较高。

投资者的融资能力是海外投资业务的重要衡量标准。为解决资金短缺、海外融资困难的难题，电建海投公司跳出传统解决模式，不向集团公司"伸手要钱"，而是结合自身特点和外部形势，搭建海外融资平台，成立中国水电（香港）控股有限公司，并以此为依托，先后两次成功发行人民币债和美元高级永续债，开创了中资企业海外融资的新渠道。与此同时，电建海投公司通过投保海外投资保险、完善自身投资评价及决策体系、采用多元化股权投资形式、争取两国政府的政策支持、构建风险预警系统、重视风险教育与培训六大举措，实现对海外投资业务的全方位、全周期的风险管控，筑牢"铜墙铁壁"，提供可靠保障。

5.1.4 绩效考核机制

目前普遍运用的考核方法主要有 3 种：目标管理法（Management by Objectives，MBO）、关键绩效指标（Key Performance Indicator，KPI）和平衡计分卡（the Balanced Score Card，BSC）。这 3 种方法各有优劣：目标管理法强调目标的系统分解和员工参与，有利于调动被考核者的主动性和责任心；关键绩效指标则侧重建立网络化的考核指标体系，强调绩效考核的量化和可操作性；平衡计分卡强调绩效考核的全面和平衡，是企业战略落实的有效工具。

(1) 目标管理法（MBO）。

"目标管理"的概念是管理专家彼得·德鲁克于 1954 年在其名著《管理实践》中最先提出的，其后他又提出"目标管理和自我控制"的主张。德鲁克认为，并不是有了工作才有目标，而是有了目标才能确定每个人的工作。所以"企业的使命和任务，必须转化为目标"，如果一个领域没有目标，这个领域的工作必然被忽视。因此，管理者应该通过目标对下级进行管理，当组织最高层管理者确定了组织目标后，必须对其进行有效分解，转变成各个部门以及各个人的分目标，管理者根据分目标的完成情况对下级进行考核、评价和奖惩。

(2) 关键绩效指标（KPI）。

关键绩效指标是通过对组织内部流程的输入端、输出端的关键参数进行设置、取样、计算、分析，衡量流程绩效的一种目标式量化管理指标，是把企业的战略目标分解为可操作的工作目标的工具，是企业绩效管理的基础。KPI 可以使部门主管明确部门的主要责任，并以此为基础，明确部门人员的业绩衡量指标。建立明确的切实可行的 KPI 体系，是做好绩效管理的关键。关键绩效指标是用于衡量工作人员工作绩效表现的量化指标，是绩效计划的重要组成部分。

(3) 平衡计分卡（BSC）。

平衡计分卡就是根据企业组织的战略要求精心设计的指标体系。按照卡普兰和诺顿的观点，"平衡计分卡是一种绩效管理的工具。它将企业战略目标逐层分解转化为各种具体的相互平衡的绩效考核指标体系，并对这些指标的实现状况进行不同时段的考核，从而为企业战略目标的完成建立起可靠的执行基础"。

电建海投公司建立实施"平衡计分卡绩效考核体系"，通过定性与定量相结合，将战略目标任务细化分解为可操作的衡量指标和区间目标值，在决策层、管理层、执行层间构建新型绩效管理体系。既积极响应上级单位管控要求，又将公司战略、年度目标、员工成长具体分解到岗到人，为培育总部核心能力和推动战略落地提供有力支持。

5.1.5 管理运营模式

构建目标明确的集团战略，选择合适的组织结构，拓展核心业务的增值空间，建立规范的财务控制体系和有效的风险控制体系，通过集团内部的协同，最大限度地实现集团有限资源的分配与整合、复制和输出统一的经营理念和企业文化，是集团化运营下子公司有效管控的核心思路。对于企业集团的管控模式，不同学者按照集团参与子公司经营管理的深度和集权、分权的程度来划分基本类型，一般来说有三分法或四分法。罗兰贝格咨询公司按照集团总部对子公司进行管理时的集分权程度，将集团管控分为战略管控型、运营管控型和财务管控型。这3种基本模式在管控目标、管控模式、管控载体、管控基础和环境要求上各有区别。

5.1.5.1 战略管控型

母公司对子公司实施较为直接的控制，严格要求子公司与母公司协调战略立场，服从母公司的战略安排。这种控制贯穿于子公司生产经营的整个过程，控制力度较强，也称"干预型控制"。这种模式可以形象地表述为"上有头脑，下也有头脑"。

（1）控制方式。

母公司保留对子公司重大决策核准和评价的权力，成为集团公司的投资中心、决策中心、发展战略中心。母公司通过对核心权力和重大决策的核准来对子公司进行控制，子公司在战略、财务、人事等方面有一定的权限范围，限上项目需经母公司审批方可实施。

(2) 管理界面。

母公司的职能定位主要集中在两个方面：一是审批职能。母公司具有在战略、财务、人事等方面限上项目的核准权，各子公司仅在权限范围内具有自主决定权力，超过权限后上报母公司审批。二是指导与服务职能。集团总部建有统一配置资源的职能机构，服务集团统一的计划投资、战略研究指导、市场开拓协调、财务分配及人力资源开发；设有科研开发中心、融资及清算中心、人力培训中心等，为集团内部所有公司统一提供服务。

(3) 优缺点分析。

·避免内部人控制行为。相对于资本控制型的高度分权，战略管控型管控模式在核心权力和重大决策上对子公司进行严格控制，避免了子公司的内部人控制行为，使子公司处于母公司的严格监控之下，有效保证了集团利益最大化。

·决策统一性。母公司有能力投入较多的人力、物力，设立专门的机构对企业集团进行管理控制，保证了集团的正确决策。

·资源协同效应。设立统一的服务集团使内部所有子公司的服务机构避免了各子公司分设服务部门产生的高额成本，降低了集团公司的经营成本。

·母子公司管控界面较难界定。管理界面的选择实际上是权力在母子公司之间分配的选择，是一个分权程度的问题，这种选择本身没有优劣之分、程式可依，需根据企业的实际情况而定，在"度"的把握上具有较大的不确定性。一旦权责划分不当，会造成母子公司间管理程序混乱、效率低下，或使子公司失去必要的经营自主权及经营能动性，或走向反面的极端，使子公司完全失去控制。

·母公司承担的风险较大。在此控制模式下，母子公司联系较为紧密，子公司并非独立经营，母公司必须对子公司欠佳的经营效益负责，即使子公司亏损严重，母公司也无法立即在资本市场上将其出售；子公司经营损益转嫁到母公司，增加了母公司的经营风险。

·不利于母公司宏观控制职能的发挥。母公司未把生产经营权完全下放到子公司，使得母公司无法完全专注于集团的宏观控制，对集团公司的长远发展产生一定的影响。

·尽管这种模式存在一些缺陷，但它能够在不影响子公司经营自主权的情况下对子公司实施有力控制。

5.1.5.2 运营管控型

母公司对子公司具有绝对控制权，对子公司的所有经营活动进行直接控制，子公司没有自主经营权力，只负责执行母公司决策。为了保证总部能够正确决策并能应付解决各种问题，总部职能人员的人数会很多，规模会很庞大。这种模式可以形象地表述为"上是头脑，下是手脚"。

（1）控制方式。

母公司以直接控制的方式对子公司战略、财务、人事等各个方面进行全面掌控，子公司的产品和经营方向由母公司制定，收益全部归母公司所有。

（2）管理界面。

这是最为集权的一种方式。子公司没有经营自主权，所有权力归母公司，子公司在母公司的指导下进行经营。

（3）优缺点分析。

由于子公司在经营的各个方面接受母公司的直接控制，母公司的决策能够在子公司得到最为全面、快速的实施，子公司也可以依靠母公司的资源优势获得迅速发展。但这种模式的缺点也是显而易见的：

·母公司资产、经营一体化使得母子公司产权关系不明晰；子公司的成败会对母公司产生直接影响，加大了母公司的风险。

·过度的集权限制了子公司的经营自主性与能动性。

·子公司的所有权与收益权归属于母公司，这使得子公司只重眼前利益。

·本位主义严重，公司远期发展动力不足。

5.1.5.3 财务管控型

财务管控型指母公司完全以资本为纽带对子公司进行控制，通过资产投资收益对子公司进行考核,以追求投资资本增值为唯一目标的控制方式。在这种模式中,母公司与子公司通过资本纽带相连,二者之间是十分松散的投资者与被投资者的关系。总部主要负责资产运作,因此总部的职能人员并不多,主要是财务管理人员。这种模式可以形象地表述为"有头脑,没有手脚"。

(1)控制方式。

母公司不直接控制子公司,而是以控股股东的地位获得子公司股东会及董事会的人数优势或表决优势继而取得对子公司的控制权,子公司的股东会、董事会在子公司的经营活动中起核心作用,具有较大的经营自主权。这是一种相对分权的管理控制体制,母子公司关系极不稳定。

(2)管理界面。

母公司仅在人事和薪酬安排、重大筹资、子公司重大资产管理方面具有最终决定权;子公司可在生产经营的各个方面,如一般投资、财务管理、资金管理方面自行决策,拥有较大的自主权。

(3)优缺点分析。

在这种控制模式下,母公司与子公司以资本(股权)为唯一的联系纽带,二者之间关系松散,其优缺点是显而易见的:

· 充分发挥子公司经营能动性。由于采用高度分权的管控方式,子公司治理机构在日常经营中发挥了核心作用,并在财务、投资及人事方面拥有很大的自主权,避免了由于母公司管得过紧,子公司的经营能动性受到限制,经营积极性难以发挥等问题。

· 增强市场反应能力。子公司身处市场前端,该模式能够根据市场变化及时调整战略措施以适应市场要求。

· 有效降低企业集团整体风险。由于母子公司之间完全以资本为纽带,二者之间的资产关系明确、产权关系清晰,子公司完全独立、自主经营、自负盈亏,这使母公司的退出或融资机制非常有效;母公司将投资收益率作为对子公司考核的主要指标,当子公司收益率较高时,母公司可以通过上市、重组等方式使子公司增设股东、增加资本推动子公司发展;反之,母公司也可轻松地通过资本市场将子公司出售,以减少损失。

·此种控制模式对子公司的控制力度较弱,无法进行集中统一的控制。

5.2 工程建设企业海外研发平台建设布局与规划

5.2.1 建设目标

海外研发平台的建设目标,一是围绕海外研发平台的建设,遵循"需求导向、全面开放、深度融合、创新引领""高端切入,规划先行"的建设方向,以海外研发平台为单位,与国内外高校、研究所、设计院、企业联合,以海外区域在建工程项目为依托,以重大科研项目为载体,打造一流的技术研发团队;二是以创新能力为突破口,大力推进协同创新,聚集和培养一批技术创新人才;三是针对不同国家、类型的工程项目,研发一系列建造技术,建立具有先进技术的应用平台,有效解决工程的施工难题,为企业的海外工程履约提供理论支撑及技术保障,促进企业在当地市场的发展。

(1) 拓展市场空间。

随着国内经济建设速度加快,近年来,我国交通、通信、电力、能源、住房等基础设施建设日趋完善,相关领域甚至出现供大于求的局面,从而造成国内相关行业,特别是基础设施领域的市场趋于饱和。发展中国家基础设施落后,工业化程度很低;发达国家基础设施面临更新改造,绿色能源建设方兴未艾。"十四五"期间,企业选择国际化战略,可有效破解市场空间难题。

(2) 应对产业调整。

实施国际化战略,努力将被调整产业向境外转移,到国际市场寻找生存、发展空间,是企业应对产业结构调整挑战的重大战略举措,是企业未来生存、发展的战略必需。

(3) 突破资源"瓶颈"。

在"十四五"期间选择国际化战略,应走出国门,充分利用海外资源努力寻求发展空间。

(4)提高竞争力。

科研企业的国际化，是我国企业提高科技研发水平、加快科技进步步伐的捷径。通过投资并购海外高科技企业、设立海外科技研发中心，可快捷、有效地获取世界先进的科技成果，就近吸收海外领军型科技人才。

5.2.2 功能定位

海外研发平台的发展战略定位为"技术研发平台＋市场营销支撑平台"，旨在通过专业化海外创新平台的运作，根据当前企业业务需要及发展需求：一是系统性地开展自主创新与集成创新，进一步提升企业在工程建设领域的技术比较优势。二是通过标准、方案、装备的转移，不断创新完善现有技术，迎合当地市场需要，推动国内高端技术"走出去"，通过引入当地创新合作伙伴，兼并或收购当地研发机构，快速、直接地获取当地高质量研发资源和先进技术，推动海外先进技术"引进来"，实现技术转化和二次创新。三是为项目履约和市场拓展提供技术支持和技术储备，进一步提高工程的建造技术水平及履约能力，为更好地开拓海外工程建设市场打下基础。

5.2.3 运行思路

海外研发平台运营管理将采取"近期扶持、中期并行、远期独立"的发展模式和思路。

"近期扶持"（1～3年）。海外研发平台自主研发能力基本形成。国内企业总部每年提供适当经费定向支持海外研发机构项目。研发工作以自主研发与委托研发相结合为主，可开展国际化专业技能培训，尝试主办定期或不定期技术论坛。在当地寻找有发展潜力的初创型高科技企业（团队），完成1～2家企业（团队）投资并购。

"中期并行"（4～7年）。自主研发能力提升，研发工作以自主研发为主。承接当地项目、成果转化成为海外研发机构重要收入来源。开展国际化专业技能培训；在当地聘用3～5名专家；与3～5所大学或研究机构成立联合实验室或研发中心。海外研发机构项目费用由国内企业总部支持和海外研发机构自筹共同组成。

"远期独立"（8年及以后）。海外研发机构具备自我造血功能，通过成果转化等，实现自负盈亏、独立经营。建成具有国际水准的研发团队，拥有4~6位具有国际影响力的学术带头人，自主创新能力得到本质提高。成果转化机制和渠道逐步完善，相关收入逐年增加，成为海外研发机构主要收入之一。

5.2.4　基本原则

海外研发机构组建遵循市场化、属地化、集团化、信息化四大原则。

一是市场化。按照"合法建设、合规运营"的原则，开展委托研发、检测试验、工程质量监督等业务的市场化探索，分析国内外技术研发机构和检测试验机构在资格准入、资质认定等方面的差异，以市场需求为导向，尽可能市场化运作，综合形成研究平台海外市场化运营的指导性意见。

二是属地化。所谓属地化就是要建立在当地，它的特征是大量使用本土人才。按照"以建带研、以研促建、产学研结合"的属地化建设思路，进一步强化研究平台与属地化区域公司的融合发展。属地化建设需得到当地政府的支持认可、授牌授权，成为当地企业的权威。属地化一为自身服务，二为成员企业服务，三为当地政府服务，四为社会服务。企业建立的研发机构既可以是集团的，也可以是子企业的；既可以与政府职能挂钩，也可以和国家联合建设。开展属地化院校、院所、人才引入机制和合作方式的研究，以及研发平台与属地化公司组织架构、业务对应模式的研究，最大限度地发挥属地化研发平台站位高、融入性强、吸引力大等优势，引领区域业务高质量可持续发展。

三是集团化。其本质是集团引领、企业主导、自主创新。按照"共建、共享"的建设原则，以"整合集团区域性优质创新资源、最大化反哺集团成员企业"为建设目标，探究集团国际区域总部、集团成员企业区域公司或项目部、海外研发平台在职能和业务方面的联系，推动重大共性技术难题的联合研发和成果转化。根据集团的战略，选择重点的潜力市场以及有能力、有迫切需求的子企业为主体，其他企业可以按股份进入，尽可能做到不重复建设、不碎片化建设。一个区域内，不同方向的研发机构只设立一家。

四是信息化。按照"信息资源的互联互通、高效管理和运用"的基本原则，充分利用"互联网+"，发挥好信息化的作用，依据信息获取、存储、处理、输出的基本功能，探讨研发平台信息化平台的建设模式，解决中外语言差异、地域差距等根本问题，高标准建设海外研发平台，最大化提升研发平台运行效率和质量，实现国际、国内有效联动。

5.3 建设与运行重点任务研究

5.3.1 属地化建设任务

按照"以建带研、以研促建、产学研结合"的属地化建设思路，进一步强化研发平台与区域公司的融合发展。一是加强与当地的勘测设计、装备制造企业、高等院校、科研院所、建造施工合作方的联系，整合优势研发、创新资源，提升研发平台的资源应用能力。二是加强研发平台属地化研发和试验设备、人员、场所的投入，提升研发平台的自身能力。三是逐步开展研发平台在属地国的对外运行，逐步向当地企业提供检测、研发等服务，并通过研发平台的建设运行服务集团所属区域公司的项目履约和市场营销。

中国中车的"五本"模式，就是产品和合作方要做到本地化生产、本地化采购、本地化用工、本地化售后服务和维修以及本地化管理。

从肯德基在中国经营其品牌的做法来分析，它坚持产品品质、服务标准、就餐环境以及暗访制度的标准化，积极重用当地优秀人才，并且看到中国人重视"家庭"的理念，所以将家庭作为自己的主要目标消费者。此外，肯德基还看到了中国人均衡膳食的健康饮食习惯，在食物制作手法上不断改良。比如，肯德基发现中国人有一个习惯，就是在早晨喝粥、吃油条，于是它就推出了几种早餐粥和"安心油条"，随后还为迎合中国人喜欢吃"饭"的偏好，研究出了多种"饭"类的新品。这些都使得肯德基成为大家心目中的知名品牌。

一度停工的斯里兰卡港口城如今正常复工,其核心原因就是中国交建的设计建设契合了当地经济社会发展,造福了当地人民。如今,聘用本地员工,尊重当地人的宗教信仰和风俗人情,帮助项目周边居民解决生存生活难题,开展应急救援等,已经成为中央企业在海外项目的必选动作,"中国的客人请你留下来"成为很多项目所在地居民的心声。中国石油印度尼西亚公司副总经理布迪深情地说:"我是印度尼西亚人,也是中国石油人。"

5.3.2 集团化建设任务

通过企业集团化结合社会各界力量,为跨国经营提供便利。企业集团化可以在不同主体之间进行,跨行业跨地区的联合能起到取长补短、互相促进的效果。以核心企业为中心,推动企业改造从而提高整体水平。在企业集团化进程中,核心企业的先进管理体制、经验、观念将起到示范作用,促进集团企业其他成员不断改造,从而提高集团实力。

按照"共建、共享"的建设原则,积极与当地事业部对接,加强与集团及成员企业在当地设置的区域性公司、办事处或项目部的联系。一是整合业务领域市场、科研、工程等资源,以在建、将建工程项目为依托,以研发机构为平台,共享研发资源或开展联合研究。二是以服务企业国际化发展战略为目标,在当地开展政策、法律、技术、资源等的调查与研究,逐步将研发平台建设成为企业在当地创新发展的策源地。三是加快推进检测试验和技术研发能力建设,尽快具备为当地企业提供检测试验服务的能力,同时推进高质量技术成果在相关企业转化。

海尔公司在对海外一家洗衣厂的兼并过程当中,只派了1名管理干部去进行观念更新,就在很短时间内收到明显成效,使被兼并企业在人员、规模、技术水平不变的前提下扭亏为盈。

5.3.3 信息化建设任务

"十四五"期间,中国将全面进入数字经济时代,数字化转型是"十四五"企业变革和发展的"新基建"。传统企业特别是与产业链、供应链相关的企业，更需要通过数字化转型来实现信息、技术、产能等精准配置与高效对接。数字化转型是企业最高战略，对于传统企业而言，只停留在技术层面的数字化转变是不够的，还要在业务、运营和绩效考核的全流程执行中实现全方位数字化。只有以更大、更快、更高、更强的开放姿态，通过全产业链的增值服务参与跨行业、跨领域、跨区域协作，才能释放数字化变革治理的最大效能，实现数字化赋能向经济效益转化，增强企业的运营能力及竞争力，实现可持续发展的战略目标。

在转型过程中，有针对性地集中投资，尤其是在信息化方面的精准投入，可形成核心资源的价值外延。通过基础运营收入、应用系统使用费、"数据分析＋专家咨询"服务、网络资源服务分成、虚拟资源租用服务、中小企业软件云服务、商业综合服务等数据、信息服务可产生盈利。

数字化变革的最终目的是帮助企业获得新的核心竞争力，而这种变革离不开强有力的领导力。企业数字化转型不能仅靠技术部门，只有做到观念转变、管理转型、成本优化3个方面，才能实现业务模式的创新以及快速发展。

按照"信息资源的互联互通、高效管理和运用"的基本原则，以资源信息室建设为突破点，逐步推进研发平台的信息化建设，合理分析政策法规、前沿技术、市场开发、物资报价、教育培训等相关信息的来源，不断拓宽信息收集渠道；利用信息爬虫等互联网技术，不断提高信息的获取效率和准确性。

5.3.4 市场化运行任务

按照"合法建设、合规运营"的原则，在技术研发室、检测实验室完成能力建设，在合法、规范运行的基础上，模拟独立法人运行方式，尝试开展委托研发、检测试验、工程质量监督等服务业务。一方面，通过开展内外部检验试验技术服务实现业务收入；另一方面，通过签署委托研发协议的形式承接项目部研发任务，取得业务收入。

以重大项目为突破口，提升品质、培育品牌。通过不断吸收新血液、新思想、新技术，企业才能推动产业链、价值链向高端迈进。一个成功项目积累的口碑，胜过无数次在谈判中的据理力争。中国铁建修建的亚吉铁路、中国交建承建的"中巴经济走廊"基础设施建设和蒙内铁路、招商局集团首个向海外复制"前港—中区—后城"模式的吉布提项目等，都是一座座央企信誉与品质的丰碑。

5.4 风险研究

随着"一带一路"建设的推进，中国与"一带一路"沿线国家的经贸与投资合作日益深化。在对这些国家的直接投资中，国有企业始终是重要的主体力量。伴随中国国有企业海外投资规模的扩张，部分西方学者认为中国国有企业的海外投资是一种典型的"国家资本主义扩张行为"。为此，西方发达国家不仅频频采取安全审查等机制来限制中国国有企业的投资行为，还通过双边或多边贸易体系给中国国有企业投资确立新的限制规则，试图在海外投资市场中削弱中国国有企业的优势。无疑，国际经贸和投资规则的变化增加了中国国有企业在"一带一路"沿线国家的投资风险，因此，必须正确认知国际投资经贸新规则的变化，进而为中国国有企业在"一带一路"沿线国家的投资提供保护之策。

海外研发机构兼具海外属性和研发机构属性，因此在建设过程中，不但会受制于属地国的政治、经济、文化、环境因素，也会受到科研机构属性的制约。概括来说，研发机构在建设过程中可能会面临以下7个方面的风险。

5.4.1 政治、外交风险

政治、外交风险是海外研发机构面临的首要风险，具体体现在：
（1）政治风险。

近年来国际政治形势多变，民族主义抬头，逆全球化趋势日益严重，宗教极端势力迅速扩张，海外研发平台建设可能会受制于其所在国家的政治环境。2020年是极其特殊的一年，新冠肺炎疫情突如其来，世界经济遭受严重冲击，产业链供应链循环受阻，国际贸易投资萎缩，大宗商品市场动荡，世界各国经济社会发展均面临较大困难。如果海外研发机构属地国选择不当，有可能因为当地政局动荡、社会不稳定等使研发机构遭受损害，无法开展正常的研究工作；在部分极端情况下，研发机构还有可能被当地国征收或者国有化。因此，需要在平台建设时高度重视这一风险。

（2）外交风险。

研发机构的属地国和中国的外交关系、属地国和周边区域的外交关系、属地国在全球的外交政策和外交情况，这些通常会影响到海外研发机构的存续和稳定发展，也会给研发机构的国际影响力带来一定的影响。因此在平台建设过程中，需要特别关注属地国的外交历史情况和未来的外交政策。

应对措施：研发机构设立时，应该选择设立在政治较为稳定、具有较好的国际外交历史的国家。选址时，应该避免设立在文化复杂、宗教冲突多发、领土存在争议、对外来文化态度保守或极度排斥的地区。对研发机构所在国家和地区进行充分的了解，理解当地的政治、外交、宗教和民族特色，最大限度地避免政治、外交风险。

5.4.2 知识产权风险

知识产权是海外研发机构的智力劳动成果，也是研发机构存续的基础。在海外研发机构的建设中，需要高度重视这一风险，主要体现在以下两个方面：

（1）属地国是否签署了知识产权协定（TRIPS）、《巴黎公约》和《伯尔尼公约》等国际条约，在国民待遇原则、最惠国待遇原则、透明度原则、独立保护原则、自动保护原则等方面是否作出保留。这关系到研发机构的工作成果能否得到有效的认可和保护，能否创造出其应有的社会价值。

（2）属地国是否有较为完善、健全的知识产权保护法律法规，知识产权的登记、注册方面是否有较为清晰、可执行的机制；在知识产权受到侵害时，当地能否给予及时、有效的救济。这是海外研发机构健康发展的重要保障。

应对措施：在研发机构设立时，应该调研分析所在国是否签署了知识产权协定和相关国际条约，并且对当地相关的法律法规进行研究，重点关注著作权法、专利法的相关约定。在运营过程中，对知识产权的保护和登记制度加以熟悉和掌握，将著作和专利发明及时申请知识产权保护。如果当地的相关法律规定较为复杂或者外国人难以独立操作，可以聘请声誉较高的律师事务所或者知识产权代办公司协助办理。

5.4.3 合规风险

随着全球化的不断深入，合规风险日益成为跨国研究机构需要高度重视的风险之一，主要体现在：

（1）研发机构是否具有在海外进行研发的资质，能否满足当地的相关要求。

在建设研发机构的过程中，研发机构需要满足当地国的相关资质能力要求，有些国家存在国家安全审查，只有满足当地相关的要求，才能使研发机构合法、合规地存续，这是建设海外研发平台的先决条件。

（2）研究课题是否和当地政策法规相冲突。

在研究机构的研究课题、方向的选择上，需要高度重视研究课题是否和当地的政策法规相冲突，是否属于禁止外国机构研究的范围，是否会触及当地政治、经济、宗教、文化的特殊禁忌，应在合法合规的框架下进行科学研究。

（3）是否满足相关的数据合规要求。

随着欧盟《通用数据保护条例》的实施，数据合规存取和隐私保护日益成为重要的议题，也是海外研发机构需要特殊注意的风险之一。如果研发机构所研发的产品涉及个人用户信息的收集、传输、保留或处理，则需要高度重视数据合规方面的相关规定，防止因为数据保护不利遭受处罚。

应对措施：在研发机构设立之初，需要对当地相关的法律进行研究。研发机构设立的程序要符合当地的强制性规定，应在取得相应的资质和批准之后，再进行相关的研究。关于研发课题的选择方面，外国研发机构应该避免进入当地法律禁止外国研发机构涉及的领域，审慎选择在当地政治、经济、宗教、文化下有争议和属于禁忌的课题。另外，如果研发机构的研究涉及用户的信息数据采集和处理，则需要对当地的数字信息保护相关法律进行研究，设立必要的数据合规制度，积极进行数据合规治理。

5.4.4 劳工风险

研发人员是研发机构的核心，关系着研发机构的存续和发展，因此需要高度关注这一风险。其风险点主要体现在：

（1）当地是否允许国际研发人员工作、研究。

近年来，随着国际保护主义抬头，劳工准入限制日益成为国际保护主义者采取的一项制裁手段，遭遇此类限制会严重制约海外研发机构的发展。因此，在研发机构的建设过程中，需要高度重视属地国是否允许国际研发人员前往当地进行科研工作，当地的工作签证是否可以及时批准、发放，对国际研发人员是否有歧视性的规定，研发人员的人身安全是否有保障等。

（2）属地国是否有当地劳工比例限制。

部分国家会对当地员工的比例作出强制性规定，需要在雇员中满足相应的人员配额要求，因此在研发机构的建设过程中，需要注意满足当地的特殊要求，保持合理的当地员工比例。

（3）当地的劳动用工制度是否能得到满足。

在研发机构的建设过程中，需要符合当地的法律法规，建立健全相应的劳动用工制度，包括但不限于签署符合法律规定的劳动合同，依据规定成立工会或者劳工保护机构，工作时长符合当地法律规定，工作场所、工作环境、健康状况符合当地强制要求，同时还要符合当地一系列特殊的劳动用工规定（如设立宗教礼拜场所等）。

应对措施：在研发机构设立之初，首先，需要对当地的劳工法律进行研究，掌握当地是否允许外国研发人员自由流动，是否能够给予研究人员特定的外交准入支持。其次，需要了解当地的劳工比例限制，提前了解当地的研发人员情况。若当地人员素质无法满足研发机构的人员要求，则应重点寻求是否可以得到当地政府的劳工比例限制豁免，或者寻找相关的科研机构进行合作。在后期的运行过程中，高度重视劳工保护的相关要求，建立健全劳工保护机制，必要时聘请第三方机构（如人力资源公司、律师事务所等）协助解决相关问题。

5.4.5 法律风险

海外研发机构在当地运作中具体面临的法律风险主要有：

（1）当地的法律有可能对海外研发机构进行歧视性规定。

在部分国家，有可能在法律中对海外研发机构进行歧视性规定，限制其进行某类研究开发，禁止其进入特定区域开展调研，或者限制其和当地同类的研发机构竞争。因此在选址时需要事先做好调研，对当地是否存在歧视性的法律法规做好风险预判。

（2）当地的法律变更可能影响研发机构的存续和运作。

一些国家法律变动频繁，这可能造成研发工作秩序的紊乱，或者属地国通过法律变更的手段，对海外研发机构造成限制或实际上的封锁，影响研发机构正常的工作，甚至无法运作。因此，在海外研发机构的建设过程中，要特别注意当地的法律环境是否稳定，历史上是否曾有过类似的事件发生。

应对措施：在研发机构设立时，需要对当地的法律进行调研和了解，选择在对外国研发机构较为友好、限制较少、法律环境较为稳定的地区设立研发机构。此外，在运营过程中，对当地的法律环境保持高度的敏感，及时了解更新的相关法律规定，防止因为对法律解读不当而触犯当地法律的情况发生。

5.4.6 税收风险

税收风险主要体现在以下两个方面：

（1）研发机构的存续形式和所应缴纳的税种、税额是否符合当地法律要求。

在研发平台的建设过程中，需要明确研发机构以何种形式存续，其所应缴纳的税种、税额；需要事先进行税收筹划，防止因为存续形式不当、税收筹划不足遭受当地税收机构的处罚和追索。

（2）研发人员的个人税收缴纳。

研发机构需要做好国际员工、当地员工的个人所得税缴纳筹划，确保研发人员在其国籍地、研发机构所在国都能满足个人所得税缴纳的相关规定。

应对措施：在研发机构设立时，需要进行相关的税收筹划，聘请税务师对当地的税制进行分析，选择适当的存续形式。另外，在运营过程中，研发机构及研发人员需要依法纳税，避免出现触犯当地税法的情形。

5.4.7 汇率、汇兑风险

汇率、汇兑风险主要体现在以下两个方面：

（1）汇率风险。

研发机构在建设过程中需要一定的外汇，智力成果产生的收益可能是当地币，如果当地经济形势不稳定，汇率变动过大，可能会造成一定的汇率损失，需要事先做好预判。

（2）汇兑风险。

属地国有可能出现外汇储备不足的情况，在部分外汇限制的国家还有可能出现无法换汇，或者无法将货币汇出当地的情况，因此需要特别注意属地国的外汇储备情况和汇兑政策。

应对措施：在研发机构设立之前，需要对当地的外汇储备情况、外汇汇兑政策进行了解，选择在外汇储备较为丰富、汇兑较为自由的国家设立研发机构。在研发机构运营的过程中，及时进行外汇管理，通过货币掉期等方式减少汇率变动造成的损失。

6 海外发展对策建议

6.1　加快建立现代企业制度

目前，中国国际化经营的企业以国有企业为主。由于在海外的部分国有资产缺乏监管，导致国家和企业资产的损失、流失，这既影响了"走出去"战略的效果，也影响了境外投资的经济效益。

建立产权清晰、权责明确、政企分开、管理科学的现代企业制度，以市场经济为基础，调整企业的组织结构和决策程序，使之适应全球竞争的需要。与国内经营相比，企业跨国经营面对的将是统一竞争的国际市场，建立与国际接轨的公司治理结构是成功实现跨国经营的前提。企业建立了符合市场经济规则的现代企业制度，就能够引进市场经营机制，包括决策机制、管理机制、财务机制、竞争机制、激励机制和人才机制等。没有健全的企业机制，必然导致海外经营风险大幅提高。如有些机构和企业在海外项目中，在投标和合同签订上的匆忙决策，以及在海外项目上定价机制的不健全，都可以归结为企业没有健全的现代企业制度。

6.2　培育和提高企业核心竞争力

企业核心竞争力是指一个国家的企业在特定的经济环境下，成功地进行跨国生产与经营活动并取得一定利润水平的能力。一家企业的核心竞争力主要包括经济实力、技术水平、研发实力、创新能力、决策体系、管理水平、国际化人才、企业文化和处理突发事件的应变能力等。

企业核心竞争力的本质内涵是让消费者能够得到不可替代的产品、服务、价值和文化。因此，创新能力是企业核心竞争力的内在基础。技术落后已经成为制约中国企业对外投资的一个主要障碍。改革开放以来，通过吸引国外直接投资，中国引进了国外大量的先进技术，但是，企业获得这些先进技术之后，往往缺乏对新技术的持续升级和创新机制，从而使企业的核心技术在较长的时间内都停留在最初引进时的状态，削弱了企业的核心技术优势。同时，我国的大学和科研机构单纯"为技术而技术"的现象比较普遍，缺乏将技术转换成产品并迅速推向市场的能力和体系，技术的实际利用率（科技成果转换率）低。

6.3 培植全球化经营的理念意识

我国的对外投资企业对内担负着加快国内产业结构调整，提高劳动生产率，促进技术升级，弥补资源短缺和扩大就业的重任；对外担负着全面参与国际分工，利用国外的资金和先进技术，学习国外的先进管理方法和经验，培养跨国经营的国际化人才，为中国庞大的制造能力寻找海外市场，提升中国制造业的声誉，努力实现从"中国制造"向"中国创造"的跨越，树立中国制造业在国际上的声誉，与西方大型跨国公司在全球市场上进行公平竞争和合作，建立全球知名的跨国公司和品牌，进而实现使中华民族成为世界经济强国的梦想的重任。

要实现这一发展目标，我国企业必须抛弃传统陈旧、狭隘的经营观念，培养企业的全球视野和战略眼光，积极主动地把握进入国际市场的各种机会。充分利用国内、国外两种资源、两个市场，充分发挥中国企业自身的所有权优势、内部化优势、比较优势、成本优势等，在全球范围内做好自身定位，实现全球资源的优化配置。

6.4 提升企业品牌影响力

公司有形资产与企业品牌无形资产紧密地联系在一起，企业的竞争优势越来越大。

在全球化的今天,企业品牌的竞争力整合了企业在管理、科研、技术、营销和人力资源等各个方面的综合优势,是形成并最终实现企业可持续发展的动力源泉,是企业核心竞争力的最重要表现形式之一,是企业利润的主要来源,同时是跨国公司在全球市场进行投资的金牌名片。例如,中国很多企业为国外厂商贴牌生产耐克运动鞋,每双运动鞋的交货价格一般都不到20美元,中国制造业企业的利润仅为1美元左右,而耐克贴上自己的品牌商标以后,一般销售价格为50~200美元,仅仅依靠品牌优势,耐克公司每年就可以获得上百亿美元的高额利润。

6.5 提高人才综合素质,建立国际化人才队伍

随着中国企业对外投资步伐的加快,国际化人才短缺的问题日益凸显。

中欧国际工商学院人力资源与组织管理研究中心主任杨国安认为,缺乏国际化人才成为当前中国企业"走出去"的阻碍。中国缺乏高端技术人才和具备国际视野与全球管理能力的人才。除了引进国外人才之外,中国企业还应加强对国际化人才的培养,可以学习其他国家企业的经验。例如,韩国三星电子公司每年都派高潜力人才到重要的市场发展,等公司需要的时候,再把他们派往其他国家的市场。

经过改革开放40多年的发展,尤其是在中国加入WTO和党的十六大提出"走出去"战略以后,中国对外劳务合作在国际市场上占有了一定的份额,积累了比较丰富的经验,具备了较为坚实的基础。

为此,政府和企业要加大培训力度,加快外派劳务基地建设,加强专业技能培训和适应性培训,提高外派劳务人员素质和国际竞争力。优化外派劳务人员结构,增加高素质人员在外派劳务人员中的比例,完善市场经营秩序、境外劳务纠纷、突发事件的应急处理机制和劳务人员救助机制,保护外派劳务人员的正当权益。在经济全球化和区域经济一体化不断增强的背景下,国际人员流动作为国际经济合作和服务贸易的组成部分将更加活跃。当前,世界各国产业结构调整和人口结构的变化正在加剧,为我国

吸引国际化人才和对外劳务合作提供了广阔的发展空间。

6.6 正确分析东道国的投资环境，适时把握投资机会

中国企业在海外发展的过程中，在充分利用政府和相关机构提供的各种信息的前提下，需要综合考虑自身实力、行业现状和东道国的政策环境及经营风险等各种因素。在进入一个新的东道国市场之前，必须对当地的投资环境进行全面的调查、实地的评估，包括对社会、政治、经济、文化各个方面进行调研。通过详细的分析，确定公司发展目标，拟定在东道国的发展战略。

必要时可以和当地实力较强、信誉良好的企业建立合作关系，使其充当中国企业在当地的代理人，协助中国企业在对外投资的过程中迅速把握投资机会，并规避东道国的各种政策和法律等风险。适合其他国家企业的对外投资方式未必也适合中国企业，适合某一家中国企业的对外投资方式也未必适合另一家中国企业。近年来，国内一些企业面对西方国家因经济危机、产业结构调整、经营不善、竞争力下降而破产或出售企业的机会，纷纷通过收购的方式进入西方发达国家的市场。例如，TCL 收购施耐德，因为业绩下滑、经营亏损、管理团队融合困难而以失败告终，而三一重工收购德国机械巨头朴茨迈斯特公司却获得了成功。另外，海外收购的关键不仅在于收购交易的成败，还在于后续对国内外资源的重组和战略再定位，将收购企业真正纳入本企业的经营体系和产业链条，这样才能够做到"1 + 1 > 2"。

6.7 学习和研究国际惯例及东道国的法律法规

中国企业在对外投资的过程中，必须熟悉并遵循国际惯例与规则。

中国出口企业要处理好零部件、原材料出口与享受东道国税收优惠以及原产地规则之间的关系。平衡好国内零部件、原材料出口的数量与享用的自由贸易区税收优惠之间的关系，零部件对一国的出口量太大，不仅不

能享受到自由贸易区的内部税收政策，还有可能因为损害东道国的民族工业而导致反垄断调查，甚至被征收高额关税。中国出口企业为了合理避税，在向第三国出口时，必须遵守国际通行的原产地规则，即使用进口零配件不能超过一定的数量和价值，否则就不符合原产地规则的要求，享受不到原产地的各种优惠政策。

当前国际经济环境下，欧洲国家深陷危机，很多发展中国家也面临着资金短缺的问题，为吸引国外直接投资它们制定了很多的优惠政策。这就需要正在或即将寻求对外直接投资的企业，在充分评估对外投资的风险并储备足够国际化人才的前提下，认真地了解东道国吸引国外投资的优惠政策和法律法规。

6.8　充分发挥企业的比较优势

中国企业在对外投资的过程中应充分借鉴国外企业的经验，特别是要符合国际直接投资产业选择的发展规律。我国纺织、食品、轻工等行业已经处于产能过剩的阶段，这些劳动密集型行业在国内市场已经处于饱和状态，属于边际产业。加上近几年劳动力成本快速上涨，这些行业企业的利润已经很薄，故应积极转移到国际分工中处于更低阶段的发展中国家。企业在国内专注于提升产业结构，将资金投入到技术研发上，加强技术创新，提高品牌的知名度，进而提高产品的竞争力。

企业海外发展的基本方向是与国内相关产业处于同一或类似产业链，这就意味着国际生产能对我国产业成长产生较强的辐射作用。对于投资处于产业链相同阶段的企业来说，可以把现有的具有比较优势和比较先进的生产技术和经验直接应用于国外，或者同国外的技术相结合从而迅速产生较好的经济效益。对于投资处于产业链上游阶段的企业来说，有利于为国内相关产业的中间产品和最终产品增长提供资源，缓解中国企业发展面临的越来越明显的资源困境。对于投资处于产业链下游的企业来说，最终产品的国际生产能够带动国内处于产业链上游的中间产品和初级产品的出口，从而通过出口导向战略的实施提高产品的规模优势和产业链优势，扩大国际市场。

企业在海外发展的过程中,要注重企业无形资产的输出和保护,如产品的品牌、商标、专利和营销技巧,改变中国企业不重视知识产权保护的不良习惯。因为无形资产的投资正在占据越来越大的比重,中国企业经过长期坚持不懈的努力,已经具有一定的优势,有些企业已经处于行业顶尖水平。例如,联想、华为、海尔已经树立起世界级的品牌,不能因为对知识产权的疏忽而断送辛辛苦苦建立起来的优势。

6.9　做好企业对外投资的区位选择

近年来,中国对发达国家的对外直接投资呈迅速增长趋势,正逐渐改变之前对外投资主要集中于发展中国家的状况,有利于充分利用世界各国的区位优势在全球范围内实现企业资源的优化配置。

根据我国现阶段经济发展的特点和国民经济发展的需要,我国企业对外投资的重点应表现在以下3个方面:

首先,在我国经济发展所亟需的战略资源丰富的发展中国家和发达国家进行投资。无论是购买当地的自然资源,还是综合利用投资设厂、兼并和收购或参股等方式,建立起集勘探、开发、生产、加工、运输和销售于一体的海外企业集团,确保21世纪前20年"战略机遇期"及以后可持续发展所需要的战略资源。

其次,在经济发达、技术先进、知识资源丰富、投资环境良好的西方发达国家收购当地企业,建立研发基地、销售渠道或分支机构。通过与发达国家企业合作,实现我国企业的跨越式发展,缩短产品的生命周期,尽快缩小我国企业与发达国家企业在技术和品牌方面的差距。

最后,在经济发展水平低于中国的其他发展中国家投资设厂。利用当地的劳动力优势,大力开拓国际市场,在国内集中精力发展资本和技术密集型产业,实现产业结构的升级。

参考文献

[1] 张旺. 中国科技企业新趋势:设立海外研发机构[EB/OL]. [2020-01-14]. https://biz. huanqiu. com/article/9CaKrnKoSqX.

[2] 李东红. 知识获取:企业"走出去"的目标与策略[J]. 国际经济合作,2006(8):17-20.

[3] 商务部政策研究室. 走出去引进高端要素　促进制造业创新升级[EB/OL]. [2016-09-05]. http://zys. mofcom. gov. cn/article/d/201609/20160901384886. shtml.

[4] 戴巍. 美国外资国家安全审查法案新动向及其影响[EB/OL]. [2020-12-03]. http://cacs. mofcom. gov. cn/article/flfwpt/jyjdy/cgal/202012/167174. html.

[5] 张华. 从 TikTok 事件说开去:企业全球化经营时,应该注意避开哪些坑?[EB/OL]. [2020-08-15]. https://www. sohu. com/a/413212734_100191017.

[6] 谢长安. 逆全球化是短期策略,西方垄断资本将再次全球扩张[EB/OL]. [2018-01-26]. https://www. sohu. com/a/219044049_425345.

[7] 孙福全,成微. 中国企业海外研发遇到的主要问题和对策建议[J]. 太原科技,2009(12):16-17,20.

[8] 周晓迪. 中国企业海外研发区位选择及组织模式研究[D]. 武汉:武汉大学,2012.

[9] 赵杰. 中国企业海外投资研究[D]. 北京:中共中央党校,2014.

[10] 王书杰. 中国企业海外直接投资的绩效研究[D]. 北京:中共中央党校,2016.

[11] 中车长春轨道客车股份有限公司. 中车长客股份公司在澳大利亚墨尔本建立亚太总部及分研发中心[EB/OL]. [2017-12-01]. https://www. crrcgc. cc/g5122/s14896/t289315. aspx.

[12]中车山东风电有限公司.中车山东风电出席丹麦中国商会揭牌仪式[EB/OL].[2018-06-01].https://www.crrcgc.cc/zcfd/g16940/s30865/t294491.aspx.

[13]国家电网公司葡萄牙能源研究中心挂牌[EB/OL].[2013-06-14].https://power.in-en.com/html/power-1866971.shtml.

[14]王磊.中国中车在南非成立联合研发中心 助推非洲轨道交通研发能力升级[EB/OL].[2018-11-05].https://www.sohu.com/a/273452884_114731.

[15]中国交通建设集团.中国交建南亚区域研发中心在斯里兰卡揭牌[EB/OL].[2018-09-01].https://www.ccccltd.cn/news/gsyw/201809/t20180904_94136.html.

[16]徐工集团工程机械有限公司.徐工巴西制造有限公司[EB/OL].[2015-05-22].https://www.xcmg.com/special/news-detail-23944.htm.

[17]落地埃及!巨石玻璃纤维浙江省国际科技合作基地首次在中东地区建立国际联合实验室[EB/OL].[2018-01-26].https://www.sohu.com/a/219195773_99917715.

[18]李多,邓鸿伟.全球能源互联网研究院:打造能源互联网研究前沿阵地[EB/OL].[2016-09-13].https://news.bjx.com.cn/html/20160913/772469.shtml.

[19]中国建材全资收购德企业 开工建设风电公司SINOI[EB/OL].[2007-04-11].http://www.gov.cn/ztzl/2007-04/11/content_578410.htm.

[20]中国企业走向海外的人才痛点[EB/OL].[2017-05-24].https://www.sohu.com/a/143111651_740754.

[21]李铮.海外投资业务的融资[J].国际工程与劳务,2014(4):15-17.

[22]范林,秦海霞,戴鄂,等.打造中国电建海外投资升级版[J].国企管理,2017(Z4):48-49.

[23]MBA智库文档.集团化运营下子公司管控模式分析[EB/OL].[2017-03-12].https://doc.mbalib.com/view/557f7eff0a356dcc462bd711b4563612.html.